マーケティング
EYE
[第6版]

小木 紀親

中部経済新聞

目　次

はじめに『マーケティング EYE』[第6版] への招待 ············· 6
筆者の研究視点 ·· 8

第1章　マーケティング戦略エリア
　　　　～市場戦略としてのマーケティング～

1. マーケティングと批判的精神 ······························· 12
    The 19th hole ①ある飲料メーカーの商品開発構想プロセス ·· 15
2. マーケティング戦略の基本体系 ···························· 16
3. マーケティングにおける差別化と効率化 ···················· 18
4. STP マーケティング／市場細分化戦略 ······················ 20
5. ブランドに関わる検討事項 ································ 22
6. 購買者心理の変化に応じたマーケティング活動 ·············· 24
7. 購買心理に基づく価格政策 ································ 26
8. セールス・プロモーション ································ 28
9. ディ・マーケティング ···································· 30
10. マーケティングにおける新機軸 ····························· 32
11. エリア・マーケティング ·································· 36
12. 顧客のデータマイニング／ビックデータ ···················· 38
13. クロス・マーチャンダイジング ···························· 40
14. 売り逃しの認識とその対策 ································ 42
15. 市場調査／マーケティングリサーチ ························ 44

第2章　消費トレンドエリア
　　　　～消費トレンドにおけるマーケティング～

16. ポイントカード及びマイレージ・プログラムを巡る展開 ···· 48
    The 19th hole ②言葉の由来あれこれⅠ ················· 51
17. Web 上及びアプリでのポイントサービスの現状とその役割 ······ 52

18. 有名企業の意外なビジネス ･････････････････････････ 56
　　The 19th hole ③言葉の由来あれこれⅡ ･････････････････ 61
19. ペット市場及びペットフード市場の動向 ････････････････ 62
20. マンガ市場にみる一考察 ･･･････････････････････････ 66
21. 深夜ビジネスと早朝ビジネス ････････････････････････ 70
22. 気象情報ビジネス ････････････････････････････････ 72
23. ICT 上におけるビジネスの展開 ･･････････････････････ 76
　　The 19th hole ④埋もれている我を探れ！ ･･････････････ 81
24. シニアビジネスとキッズビジネス ････････････････････ 82
25. スポーツ・マーケティング ･･････････････････････････ 84

第3章　ソーシャル・マーケティングエリア
　　　　～医療・福祉・地域・行政・環境のマーケティング～

26. 進化するマネジメントとソーシャル・マーケティングの概念 ････ 88
27. 企業の社会的責任 ････････････････････････････････ 90
28. コーズリレイティッド・マーケティング ････････････････ 92
29. ソーシャル・ビジネスの特徴と形態 ･･････････････････ 94
30. ソーシャル・ビジネスの実際 ･･･････････････････････ 96
31. 環境問題と環境ビジネスの動向 ････････････････････102
32. 農産物のマーケティング ･･････････････････････････106
33. 生鮮食料品表示 ････････････････････････････････108
34. 食品ロスの削減／子ども食堂 ･････････････････････110
35. 地域活性化のための様々な取り組み ････････････････112
　　The 19th hole ⑤地域一番店のイチオシ商品を探せ！ ･･････115
36. 地域の「まちおこし」の実際 ･･･････････････････････116
37. 地域通貨と経済・福祉 ･･･････････････････････････120
38. フィルムコミッション（FC）････････････････････････122
39. メイド・イン・刑務所 ･････････････････････････････126
40. 犯罪防止のためのマネジメント ････････････････････132
41. 医療機関のマネジメントを取り巻く環境要因 ･･････････134

The 19th hole ⑥小木語録 ・・・・・・・・・・・・・・・・・・・・137
42. 医療分野におけるマーケティング領域とその問題点 ・・・・・・・・138
　　The 19th hole ⑦マーケティングにおけるカタカナ語の功罪 ・・141
43. 国内における医薬品メーカー及び医薬品卸売業の再編成 ・・・・142
44. 医薬品流通におけるメーカー及び卸売業の動向 ・・・・・・・・・・・・・・144
45. 医療法改正による広告活動へのインパクト ・・・・・・・・・・・・・・・・・146
46. 日本の医療機関の実際 ・・・・・・・・・・・・・・・・・・・・・・・・・・・・・・・・・・・148

第4章　消費者問題・消費生活エリア
　　　　〜消費者問題及び消費生活の諸相〜

47. 消費者問題 ・・・152
　　The 19th hole ⑧ミニッツペーパー（リアクションペーパー）のための課題設定 ・・155
48. 消費者の権利／消費者運動／消費者政策（消費者行政）・・・・・・156
49. 消費者教育 ・・・158
50. 消費者関連組織 ・・162
　　The 19th hole ⑨大学戦略の明暗 ・・・・・・・・・・・・・・・・・・・・・165
51. 景品表示法の概要 ・・・・・・・・・・・・・・・・・・・・・・・・・・・・・・・・・・・・・166
52. 景品規制 ・・・168
53. 表示規制 ・・・170
54. 悪質商法 ・・・172
55. 特定商取引法／クーリング・オフ ・・・・・・・・・・・・・・・・・・・・・・・・174
56. SDGs／ESG ・・176
57. ユニバーサルデザイン ・・・・・・・・・・・・・・・・・・・・・・・・・・・・・・・・・・178
58. ふるさと納税 ・・180
59. 個人資産の運用（攻め）／各種控除・寄付（守り）・・・・・・・・・・182
　　The 19th hole ⑩新規事業構想の選択 ・・・・・・・・・・・・・・・・・185
60. 災害教育 ・・・186

参考文献・論文・資料・ホームページ

マーケティング EYE

〔第 6 版〕

はじめに
『マーケティング EYE』〔第6版〕への招待

　この度、『マーケティング EYE』（2003年9月出版）を端緒として、第2版（2007年4月）、第3版（2010年4月）、第4版（2016年4月）、第5版（2020年9月）の改訂を重ね、それらをベースとした『マーケティング EYE［第6版］』を出版するに至った。

　もともと本書に収録されている内容及びアイディアは、中部経済新聞の連載記事「マーケティング EYE21」（全100回）と、同新聞で執筆した「社会人のための経済学」をもとにしたものであったが、本書はそれらを再吟味し、さらには持続的に新しい発想を加えながら編集したものとなっている。それぞれの話題は、現在の状況に合わせてリニューアルされているので、今日において十分に通用する仕上がりとなっている。

　本書は、「全ては批判的精神に始まり、全ては学びて道に至る」をモットーに、主に市場における様々なマーケティング現象やその諸問題について、実際の事例を中心にして論じられている。見やすい体裁・構成を施し、分かりやすい言葉遣い・説明を心掛けるなど、理解しやすく、読んでも飽きのこないつくりを意識した。それゆえ、特にマーケティングや経営学を専攻する学生やそれらに好奇心を持っている人、マネジメント全般における幅広い知識を得たいとする人、消費者問題や消費生活の諸相を学びたい人などのための必読書としていただきたい。

　本書は主に4つの領域から構成されている。第1の「マーケティング戦略エリア～市場戦略としてのマーケティング～」では、現代のマーケティング戦略の基軸や、企業による新たなマーケティング戦略の活動を、プロモーション、製品・ブランド、流通、価格などの視点から論究している。また、第2の「消費トレンドエリア～消費トレンドにおけるマーケティング～」では、近年、重要視されつつある市場（ネットビジネス、ペット市場、シニアビジネス、スポーツビジネス、ニュービジネスなど）

に着目し、マーケティング的な視点から論究している。第3の「ソーシャル・マーケティングエリア〜医療・福祉・地域・行政・環境のマーケティング〜」では、非営利のマーケティング、なかでもソーシャル・ビジネス、医療・福祉、地域、行政、環境などにおけるマーケティングの今日的な諸問題や興味深い点などをピックアップして論じている。そして、第4の「消費者問題・消費生活エリア〜消費者問題及び消費生活の諸相〜」では、消費者問題、消費者政策、消費者教育からはじまり、マーケティングに関わる法規制、今日的な消費者問題や消費生活の諸相を論じている。さらに、幾つかの「The 19th hole」をちりばめたので、グループ研究やディスカッションの材料として活用していただきたい。

　本書の完成には、恩師はもとより、これまでお付き合いくださった諸先生方をはじめ、取材企業の担当者、そして出版に際し様々な点でご尽力いただいた中部経済新聞社事業部の奥村一仁氏、同・安藤翔平氏に心より感謝申し上げたい。また、多くの面で私を支えてくれた家族にはあらためて感謝を述べたい。こうした方々に支えられてこその本書だと今さらながらに痛感している。

2025年　新春　　　著者　小木　紀親

筆者の研究視点

　いわゆる、マーケティングが筆者の専門研究領域である。マーケティングとは「市場における企業の戦略活動」を意味する。実際に、市場において各企業は、差別化や効率化を基軸として、製品戦略、価格戦略、流通チャネル戦略、プロモーション戦略などを駆使しながら、せめぎあいを展開している。それゆえ、マーケティング研究とは、企業の様々な戦略やそれに対応する消費者の行動、そして市場での多様な現象を研究する領域と言える。とりわけ、筆者の研究課題は、そうした多様なマーケティング現象を次の3点について、常に現代市場の現実側面にスポットを当てつつ、自らの批判的精神でもってマーケティングを解明していくものになる。

　第1の研究テーマは「非営利組織のマーケティング」である。これは、病院、福祉施設、行政、警察、NPO・NGO、大学、ソーシャル・ビジネスなど、非営利組織と呼ばれるマーケティング活動を各々の特性において研究し、非営利組織のマーケティングの確立を目指すものである。たとえば、医療機関や福祉施設におけるマーケティングのあり方、医薬品の効率的な流通システムの構築、行政によるビジネスへの取り組み、地域活性化にむけての各主体の取り組み、ソーシャル・ビジネスのスタートアップの取り組みなど、様々な領域でのマーケティング戦略のフレームワークを研究対象とする。

　第2の研究テーマは、上記の中でも「地域活性化のマーケティング」である。これは、「地方創生」や「まちおこし」などに代表されるように、地域活性化の実際にスポットを当てるものである。アニメや映画ロケによって地域活性化を図るもの、特産品やその開発によって地域活性化を図るもの、食イベントやゆるキャラ、さらにはご当地アイドルなどで地域活性化を図るもの、実に様々な地域活性化の様子が伺えるが、そこに

は地域ならではのマーケティング発想が常に顔を覗かせる。

　第3の研究テーマは「生活者視点のマーケティング」である。これは、生活者利益の追求を軸として生活者サイドからマーケティング活動を鳥瞰するものである。たとえば、ニュートレンド市場の吟味、生活者の視点からのヒット商品の解明、顧客との関係性のやり取りによる製品開発や顧客の囲い込みの研究、顧客のデータマイニングの構築など、生活者の重要性をより強調しながら、企業の戦略プロセスを研究対象とする。また、生活者視点のマーケティングに関わって、消費生活上に起こる消費者問題や、企業における消費者対応についてもその研究領域を拡げている。

　このような3つの研究テーマにおいて研究を進めていくのだが、こうした一見バラバラに感じられる研究テーマも、実は筆者の中では非常にシンプルにつながっている。接合の共通項は、ずばり「生活者の視点」と「批判的精神」である。つまり、ここであげたマーケティング研究の視点は、全てにおいて生活者としての筆者が批判的精神でもってどう感じているのか、でつながっている。それゆえに、研究対象となる生活者のモデルは常に「筆者自身」であり、本書の内容は、自身が疑問に思うこと、筆者がメリットを得られること、さらには経済・社会においてより有用だと思うことについて書き綴った、至って単純明快なものなのである。

　いずれにしても、マーケティングは、市場・生活・地域・経済・社会・心理に密着した実に興味深い実践上の学問であり、自分の生き方を豊かにしてくれる（生き方の幅や奥行きを広げる）研究領域であることだけは間違いなさそうである。

MARKETING EYE

第1章

マーケティング戦略エリア

市場戦略としてのマーケティング

マーケティングと批判的精神

　自身の座右の銘のひとつに「批判的精神」というものがある。毎年、マーケティング論の初回講義はこの批判的精神の重要性を論じることから始まる。

　批判的精神とは、実際の現象や物事を「何故そうなっているのか」「本当にそうなのか」といった観点からとらえ、調査・伝達していく「論理的なモノの見方」を意味する。ここで言う批判とは否定と同義ではない。否定とは、相手が正当であろうがなかろうがそれを拒絶する行為であり、一方で、批判とは相手とのインタラクション（関係性のやり取り）の中で物事の良し悪しなどについて評価し、相互に新たな考え方を論理的に構築していく行為をいう。

　まとめれば、批判的精神とは、まずは物事の現象に気づき（問題意識の発見）、そしてその現象が正しいのかどうかを詳しく調べ（渇望からの知識獲得）、それを語りや文章で伝える（コミュニケーション能力）という一連のプロセスというものになる。このプロセスは簡単そうにみえてなかなか難しい行為である。まずは、現象に気づけるかどうか、たとえ気付いたとしてもそれを自身のものにするためには相当な（調査）努力が必要であり、さらにはそれを論理的に整理して、相手に伝えるという行為が伴うのである（文章になればさらに数段難しい）。そこには、常に思考する行為が存在し、このプロセスによって自身の発展と発揚が促されるのである。

　実は、この批判的精神こそがマーケティングには極めて重要な視座となる。市場では絶え間なく様々な現象が起こっており、マーケターとしてはアンテナを高くしてまずはこれらに気づくことが必要不可欠である。なぜあの店は行列ができるのか、なぜあの商品が売れているのか、なぜ企業がこのような行動をとったかなど、とにかくそうしたサインに

MARKETING EYE

気づかなければ、マーケティング戦略を構築できようはずもない。

　たとえば、入居待ちの多い高齢者施設は必ず顧客が満足していると思うのは早計であって、もしかすると大したことのないサービスしか提供されていないにもかかわらず、他の競合施設がないがゆえに当該施設への入居を待っているという場合もあり（非満足状態）、そこには十分に競合施設が付け入る隙があるということになる。

　また、コンビニエンスストアにおけるアイスクリームやデザートのターゲット層についても間違っているケースもある。およそそのターゲット層の一番手は若い女性や子どもだと考える人が最も多いが、実際には、30代～50代のオヤジ世代が最大の購入者層なのである。批判的精神をもたず、甘いものは女性や子どもという既成概念にとらわれて、実際のターゲットを見誤ってしまう悪い思考パターンである。もし批判的精神を持っていれば、その現象に気づき、その現象がどうしてそうなっているのかを調べ、そして中年男性が好むような商品開発を行い、それを顧客に伝えることで、市場が活性化することが考えられる。

　こうした事例は無数の市場現象の単なる一例にすぎないが、重要なことは、現象の表面だけをとらえるのではなく、批判的精神のプロセスから論理的にそれらをとらえていかなければ、本当に正しい結論を得られないということである。そこには、絶対的に「思考する（考える）」ことが不可欠であることを付け加えておきたい。とりわけ、マーケティングに携わる人間としては、こうした批判的精神を持たなければ、成功への新しい発見や戦略を構築していくことはできないであろう。

　本書では、こうした批判的精神の視座から、全ての現象を考察していきたいと思っている。

MARKETING EYE

≪批判的精神の意味とそのプロセス≫

大勢の中にあっても、実際の現象や物事を「何故そうなっているのか」「本当にそうなのか」といった観点からとらえ、調査・伝達していく「論理的なモノの見方」を意味する。

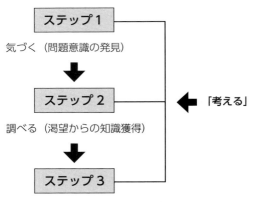

ステップ1
気づく（問題意識の発見）

↓

ステップ2　←「考える」
調べる（渇望からの知識獲得）

↓

ステップ3
伝える（コミュニケーション能力）

＊全体として「考える（思考する）」という行為が批判的精神のプロセスには不可欠である。

The 19th hole ①
ある飲料メーカーにおける商品開発構想プロセス

　ある大手飲料メーカーの企画室では、図のような商品開発構想プロセスを経て新商品の開発段階に進むという。次の商品開発構想のプロセス図を見て、設問に答えなさい。

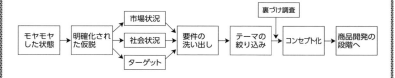

設問1
　上記の商品開発構想プロセスモデルの妥当性及び有効性についてディスカッションしてみよう。
設問2
　上記モデルの問題点を指摘した後、それらを参考にしながら、商品開発構想プロセスに関する独自モデルの作成を行ってみよう。
設問3
　独自モデルを用いて、次の新商品開発のプランニングを行い、商品計画書を作成しなさい。具体的には、商品コンセプトから、ネーミング、プロモーション活動、価格設定などの全てのプラン決定を行いなさい。できる限り、何らかの客観的なデータを活用し、その論理を展開することが望ましい。
　①お茶飲料
　②玩具
　③お菓子
　④旅行サービス
　⑤レストラン、あるいはカフェ
　⑥その他（新サービスなど）

＊本ケースは、主として研究・教育上の議論の向上を狙ったものにすぎず、当該企業の経営管理に関する適切あるいは不適切な処理を例示することを意図したものではない。

マーケティング戦略の基本体系

　マーケティングの目標は、独占・支配的な市場の獲得、つまり市場需要(顧客ニーズ)を喚起し、それを維持・拡大することにある。マーケティング企業が、そうした市場獲得のために使用する手段がマーケティング・ツールとなるが、ある一定の企業目標の達成のために、これらのツールを最適に組み合わせることを「マーケティング・ミックス」という。マーケティング・ミックスの諸要素には、主に製品戦略(product)、価格戦略(price)、流通チャネル戦略(place)、プロモーション戦略(promotion)の4つがある。それは、当初、レイザー&ケリーのマネジリアル・マーケティングの枠組みのもとで、さらには1960年のマッカーシーによる概念の中で規定されてきた。特にこれらの要素は、4つの頭文字の「P」をとってマーケティングの4Pと要約されるが、その最適な組み合わせは、主に「市場環境(消費者)特性」「企業特性」「商品・サービス特性」などの点を鑑みて策定していく必要がある。その際重要なことは、4つの要素のどれが欠けても、マーケティング戦略全体の成功にはつながらないということを常に頭に入れておかねばならない。つまり、これら4つの戦略要素の関係は、足し算的な関係ではなく、掛け算的な関係で成り立っている。たとえば、ある商品をマーケティングする際、製品力があって、価格も適正であり、広告によって需要が喚起されていたとしても、流通がうまくいかず小売店に商品が並ばなかったとしたら、結局のところマーケティング戦略全体としては大失敗(売れない)ということになろう。したがって、4つの戦略要素を、先の3つの特性に照らし合わせて、バランスよくかつアクセントをつけながらうまく策定していくことが肝要と言えよう。

　なお、4Pの概念は企業視点に基づくものだが、4Pを顧客視点に置き換えて考える4Cの概念もある。4Cとは、4Pと裏表の概念にあり、

MARKETING EYE

顧客価値 (Customer value)、顧客コスト (Cost)、利便性 (Convenience)、コミュニケーション (Communication) を指し、ラウターボーン (Lauterborn) によって提唱された概念である。

≪マーケティング戦略の構図と4つの戦略要素≫

<製品戦略>
　製品コンセプト・製品特性・品質の決定、ブランド戦略、ネーミング、パッケージなど様々な政策が考えられる。その他、付属品、アフターサービス、製品ラインに至る広範囲の決定がその領域に入る。

<価格戦略>
　製品導入時の価格設定や、その後の価格管理(変更・割引)の決定などが含まれる。また、対消費者だけでなく、メーカーと流通業者との取引に生じる価格政策(リベートやアロウワンスなど)もある。

<流通チャネル戦略>
　チャネルの構築(排他的または開放的チャネルの構築など)、取引関係の維持・管理、市場カバレッジ(顧客・商品・地域の範囲)の管理、物流・情報流通の活動、流通業の業態の発案などの領域が含まれる。

<プロモーション戦略>
　広告内容及び広告媒体の選択、販売員の訓練・活動、パブリシティ、陳列、サンプル、プレミアム、クーポン、実演販売、各種イベントなどの決定が含まれる。

マーケティングにおける差別化と効率化

◆差別化

　コモディティ化（競合商品同士の差別化が失われ、価格や買いやすさだけを理由に選択が行われること）が進む、成熟した現代市場では、いかなる企業（組織）であっても、製品・サービスを何らかの方法で差別化しなければ生き残ることが困難になってきており、その意味では差別化戦略の重要性はますます高まっている。差別化のアイテムとしては、品質、ブランド、流通、価格、イメージ、デザイン、サイズ、スタイル、機能、色、包装、スピード、安全性、正確性などがあり、これらによって競合他社との差別化を図り、顧客のニーズを高めようとするのが差別化戦略ということになる。具体的な差別化の方法としては、たとえば、パソコンの機能・品質を競合他社よりも良いものにしたり、自動車のデザインや色などの選択幅を広げたり、ブランド力を活かしてイメージを高めたり、小売店の棚スペースに他社が参入しないように工夫したり、他社よりも価格を魅力的にしたり、若干価格は高いが安全性や品質では優れたものにしたりと、実に様々な差別化が考えられる。株式会社NAGAOKAは、デジタル化に敢えて抗う形の独自の差別化戦略を進めた結果、レコード針において世界でほぼ独占状態となり、大きな利益を獲得している。

　翻って、今日的市場ではブランド構築やプロモーション活動などが差別化のツールとして重視されているが、とりわけ差別化が図りにくい製品においては、プロモーション活動を通じてのイメージ戦略によって差別化を図る傾向が強くなってきている。缶コーヒー、ビール、化粧品などは頻繁にテレビCMでみかける製品であるが、これらは製品そのものでは差別化が図りにくいものであるために、必然的にイメージによる差別化戦略に傾倒するのである。

MARKETING EYE

◆効率化

　マーケティング戦略の中で、差別化と同様に様々な場面で登場するのが効率化の概念である。たとえば、流通分野では、ダイヤグラム配送や共同配送、オンライン受発注による流通のスピードアップなどがある。また、製品分野では、マス・カスタマイゼーション（個々の顧客に対応しつつも大量生産すること）、モジュール生産、アウトソーシング、IT化や機械化、生産体制の改善など、様々な部分での効率化をみてとることができる。さらにプロモーション分野では、顧客のデータマイニングからの個々に対するプロモーション策定などが考えられ、その他にも、規制緩和やAI化の進展を受けて、ますます効率化を基軸としたマーケティング戦略が進展している。

　これら2つを基軸としたマーケティング戦略の推進は、明らかに当該企業（組織）を成功に導くと考えられるが、反対に、どちらも持っていないとすれば、その企業は市場から淘汰されていくことになるかもしれない。なぜならば、現代市場において、この2つの基軸が不明瞭なマーケティング戦略を行えば、戦略行動は必然的に中途半端なものになり、さらには企業文化も曖昧になり、帰属する社員のモチベーションも希薄になっていくからである。こうした負のスパイラルに陥らないためにも、しっかりと市場を見据えながら差別化と効率化の基軸に立脚してマーケティング戦略を立てていくことが、今後の企業（組織）に求められる必要最低条件と言えるのではなかろうか。

STPマーケティング／市場細分化戦略

◆STPマーケティング

　STPマーケティングとは、コトラー（Kotler）によって提唱された概念で、Segmentation（市場細分化）、Targeting（標的設定）、Positioning（他社に対する自社の立ち位置の把握と実行）によって、効果的に市場にアプローチしていくマーケティング手法である。STPとは、これら3つの頭文字をとって表される。

　市場全体をニーズの似ている顧客グループに細分化し、その中で標的を設定するのが、市場細分化（S）と標的設定（T）であり、その上で選ばれた市場標的に向けて決定したセグメントの中にある他社の製品・サービスに対する自社の立ち位置を把握し実行していくことがポジショニング（P）である。この手法により、誰に対して、いかなる価値をいかに提供するかが方向づけられ、競争優位を獲得することができる。以下では、市場細分化を中心にSTPマーケティングを具体的にみていきたい。

◆市場細分化戦略（マーケット・セグメンテーション戦略）

　市場細分化戦略とは、市場全体を同質または均質なものととらえずに、何らかの基準によって市場を細かく区分して、その区分した市場ニーズに適合したマーケティング・プログラムを行う戦略をいう。市場を区分する基準としては、地理的変数（都道府県、市町村、コミュニティなど）、人口統計的変数（年齢、家族構成、性別など）、社会・経済的変数（所得、職業など）、生活様式（生活水準、生活習慣、趣味など）、購買状況（購買行動、嗜好性など）がある。こうしたデータをもとに、各企業（組織）は、市場を細分化して、自社の経営能力とも合わせ、最もメリットのある市場に打って出ることになる。

　お茶市場が飽和状態にあった90年代後半、競合他社メーカーがお茶

MARKETING EYE

市場を敬遠する中にあって、キリンビバレッジは、お茶市場を包括的にとらえるのではなく、種類ごとにその動向を検証すること（S：市場細分化）によって、緑茶市場だけが若干伸びていることをキャッチした（T：標的設定）。さらに、当時、緑茶市場を席巻していた伊藤園の『お～いお茶』のリピーター顧客が必ずしも当該商品に満足しているわけではないというデータを市場調査から導き出した。

つまり、高い売上だから顧客は満足しているというのではなく、高い売上だが顧客は非満足（不満足ではない）状態にあることをキャッチし、当該商品とは反対の軸（『お～いお茶』の「渋い」に対する「まろやかさ」を軸）に置いた商品『生茶』を発売するに至ったのである（P：ポジショニング）。また、現場サイドからも、当該商品を製造していく上で原料となる「粗茶」が安価であり、経営サイドと現場サイドの思惑が一致した製品でもあった。その後の経過は、今日のコンビニやスーパーの棚スペースを見るだけでも一目瞭然であるが、飽和状態にあったお茶市場は、緑茶市場の高まりで（売上の増加と他のメーカーの進出で）急激な成長を遂げた。

その他にも、男性市場を開拓した化粧品やコンビニのデザート、全国各小売店による地域別の品揃えの展開なども、市場細分化によって成功した事例と言えよう。

ブランドに関わる検討事項

◆ブランドの機能と効果

もともとブランド（Brand）は、カウボーイたちが放牧してある自分の牛を他人の牛と取り違えないように、牛に所有権を表す焼印（Burned）を押したことに由来しているが、現在のそれは、希少性やブランド・ロイヤルティ（同一のブランドを繰り返し購入する消費者の愛顧性行動）に依拠している。強力なブランド力は、およそ歴史や信頼の中で蓄積（equity）されることで生み出されるといえる。

こうした点を踏まえれば、製品自体に差がない場合は、ブランドが製品差別化の有効な武器になり、購買時の決め手になると考えられる。そうしたブランドの機能と効果には、①顧客は購買の決め手として活用できる、②顧客は当該ブランドの使用によって満足できる、③企業は競合他社との差別化を図ることができる、④企業はブランド拡張によって新たなチャンスを得ることができる、⑤企業は安定した売上と高い利益を得ることができる、などにまとめられる。

◆スノッブ効果とヴェブレン効果

ブランド戦略は「スノッブ効果」や「ヴェブレン効果」との関わりが深い。スノッブ効果とは、他人と同じものは消費したくない、他人と違うものが欲しいなどの心理が作用し、入手困難であるほど需要が増加し、大衆化してくるにつれて需要が減少する効果である。またヴェブレン効果とは、購入するものが高価であればあるほど、顕示欲求を満たす製品の効用が高まる効果である。こうした効果を巧みに利用しながら、ブランド戦略を考えていく必要があろう。

◆ナショナル・ブランドとプライベート・ブランド

ナショナル・ブランド（National Brand）はメーカーが全国的に売り出している全国統一ブランドのことである。キリンビールの『一番搾り』、

MARKETING EYE

グリコの『ポッキー』など、いわゆる大手メーカーの商品のほとんどはこれにあたる。一方、プライベート・ブランド（Private Brand）は「PB」とも呼ばれるが、主に流通業者（小売業や卸売業）がつけるブランドである。商品企画は流通業者が行い、製造は大手メーカーが受け持つことが多い。大手スーパーやコンビニは、メーカーに依頼して様々なPBを企画・商品化している。しかし、近年ではイオンなどの大手小売業者を中心にして、自前で製造までを手掛けるケースもある。また、時にPBでありながら、企業のブランド名（NB）を併記するものもあるが、それらは「ダブルチョップ・ブランド」と呼ばれる。

◆ブランド・ネーミングのジレンマ

①『カルピス』はアメリカ進出時、商品名が「カウピス（cow piss）」（牛のおしっこ）と聞き間違えられやすく、カルピスにマイナスイメージをもたせてしまった。アメリカでは、カルピスは『カルピコ（CALPICO）』の名前で販売された。

②大塚製薬の『ポカリスエット（POCARI SWEAT）』はアメリカへの進出時、SWEATが汗を意味することから、「汗の一杯詰まった缶」を想起させるため、顧客にマイナスイメージを与えてしまった。

③GM社の『ノヴァ』はメキシコでの売上が伸びなかった。「ノヴァ」はスペイン語で「進まない」を意味し、スペイン語を母国語とするメキシコでは、「進まない車」というマイナスのイメージにつながった。

④日産自動車の『HOMY』は沖縄県で販売機会に恵まれなかった。現地でヒアリング調査を行ったところ、「ホーミー」は沖縄県では卑猥な意味の言葉であり、顧客がマイナスイメージを持ったため敬遠された。

⑤韓国の「OBビール」は欧州進出の際、欧州で同名の「OBブランド」（生理用品の会社）との認知不協和に陥り、売上を伸ばせなかった。

購買者心理の変化に応じたマーケティング活動

◆逆説消費傾向に応じた戦略

　消費者は消費に対して利便性や快適さを求めるが、一方で消費に対して大変さや困難性を求める逆説消費（大変さを好む消費）もある。たとえば、優しさではなく厳しさによる学力向上を打ち出して集客力を得る学校や塾、わざわざ行きにくい場所を選ぶ旅行プラン、辛さにより充実感を得ようとするスポーツなどの消費が人気を博している。さらには、食べにくいものや飲みにくいものが売れ筋の商品である場合がある。これは「おいしいと効果が薄いのではないか」という購買者心理を見事に突いている。「不味いからこそ効く」「苦しいから楽しい」「大変だからこそやりがいがある」など、辛さが増せば増すほど見返り（達成感）が大きいと考える逆説の消費行動にはそうした購買者心理が垣間見える。

◆消費者の感性や感情に応じた戦略

　消費者の購買行動は機能や価格以外にも、デザイン、感触、色彩、気持ちなどの「五感」にも左右される。近年、そうした五感に関連して、ネーミング、香り、接客態度、苦情処理などに対するビジネスが成長をみせている。とりわけ、顧客クレームを逆に好感度や商品開発に変えるビジネスが興味深い。社会心理学者ブレームが提唱した「心理的リアクタンス理論」（人は自らの選択幅を狭めようとする相手に対しては拒否反応を起こすという理論）を活用する「ベルシステム24」は、顧客クレームを満足に変えることをビジネスとしている。それは、企業に代わって顧客クレームに対応するもので、苦情をあげた顧客の気持ちに共感することで、顧客満足を高めるビジネスである。

◆言い訳消費傾向に応じた戦略

　近年、旅行、エステ、ブランド品、お菓子など、頑張った自分へのご褒美（言い訳）消費傾向がみられる。消費者は、購買に対する満足の裏

MARKETING EYE

にある罪悪感を正当化する理由を常に探していると考えられるが、それをご褒美という概念で相殺した言い訳の消費形態である。一方、企業サイドも、そうした消費者の購買への罪悪感を逆手にとった試みとして、限定品や掘り出し物的な演出をすることで、消費者に「今ここで購入しておかなければ」という言い訳を与える戦略を積極的に活用している。

◆ランキング消費傾向に応じた戦略

　商品・サービスをランキングすることで、消費者に商品を購入させる戦略が一般的になっている。類似商品が溢れる中で、消費者は最適な商品選択が困難となっている。そうした中で、ハズレを引きたくない消費者は、他人の評価を見て自分の購買行動を正当化しようとする消費傾向を強めている。実店舗だけでなく「価格.com」や「食べログ」などでもランキングは重要な購買決定の指標になっている。実際に、ランキング上位の商品は売上も飛躍的に伸びる傾向にある。しかし、上位を選べば間違いないとする消費行動は、商品・サービスの中身を吟味しようとはせず、自身の消費者力を弱めてしまうことになりかねない。

◆フット・インザドア／ドア・インザフェイス

　購買心理を突いた、商売上の交渉術としてフット・インザドア及びドア・インザフェイスがある。フット・インザドアとは、最初に簡単な要求をして、そこから段々と要求のハードルを上げていく手法である。徐々に要求内容がハードになっていっても、それまで顧客がYESと答え続けていたため断りづらくさせる狙いがある。一方、ドア・インザフェイスとは、最初に（本来の落とし処よりも）高い要求をしてから、徐々にハードルを下げることで本来の要求を通しやすくする手法である。高めの条件を下げてあげるように見せることで、購入への心理的なハードルを低くする（購入しやすくさせる）狙いがある。

購買心理に基づく価格政策

◆端数価格

　端数価格とは、顧客の購買心理に関わる価格政策のひとつで、たとえば、100円、2,000円といった切りのよい価格設定を用いるのではなく、99円、1,980円といった、端数を意図的に活用していく価格政策をいう。この端数価格は、顧客に対していかにも安いとか、値引きされているというイメージを与え、販売を促していく価格政策である。とりわけ、食品、日用雑貨、衣料品、家電製品などを取り扱う、スーパーマーケットやディスカウントストアなどでみることができるが、今日的には商品ジャンルや店舗業態に関わらず、幅広く活用されている。

◆名声価格

　名声価格は威光価格とも呼ばれ、高級外車、高級時計、宝石など、「一般的に高い価格であるはず」だとか、「高い価格であってほしい」などといった、顧客の抱くイメージに合わせて、意図的に高い価格を設定する価格政策をいう。高価格で納得している顧客に対して、わざわざ低価格を提示して、品質における混乱を招く必要はない。要するに、品質の高さやステイタスを顧客に訴求しつつ、意図的に高く価格を設定することによって売上高や利益の増加を期待するものである。具体的には、ルイ・ヴィトン、シャネル、ロレックスなどの高級ブランド品を扱う企業が、ブランド・イメージを損なわないように、この名声価格を活かして売上を伸ばしている。

◆慣習価格

　慣習価格とは、コーヒーやジュースなどの缶飲料や新聞などのように、ある商品の価格が長い間固定されていて、それが市場において慣習化している価格をいう。したがって、慣習化された価格だけに、その価格を超えて価格設定をした場合、顧客は非常に抵抗感を感じるため、その商

MARKETING EYE

品の売上が一時的に極端に落ち込むことがある。また、そうかといって、慣習化された価格を下回る価格設定を行った場合には、それほど需要は伸びない可能性もあり、何の政策もなくむやみに慣習化された価格を変更することは得策とは言えない。

過去にも、それまでワンコインで購入できる商品が、わずかであってもその慣習化された価格を上回った価格が設定されたことで、売上を大きく落とした事例を幾つかみることができる。

◆比較選択（段階）価格

比較選択（段階）価格とは、松竹梅、上中下など、価格を段階的に設定・並列させることにより、顧客の利便性を高めるとともに、顧客の心理（たとえば、安価なものは皆の手前避けたいとする見栄など）を巧みに利用して、真ん中以上の製品を比較選択させ、購入に至らしめる価格政策である。特に、成熟市場の顧客においては、価格設定が三段階の場合、真ん中（以上）の価格を選択することが多い。旅行料金、レストランなどの食事料金、結婚式や葬式の式場料金などの価格設定によく用いられる。「高いから売れない」と思われていた商品を、「高いと思わせない（お得に感じる）」商品に変える、この比較選択価格は、顧客の値ごろ感を低価格一辺倒から解き放つ価格政策とも言える。

◆ダイナミックプライシング

需要と供給の変動に対応して高頻度に価格を変更する変動価格制の仕組みである。特に、Web上でのチケット販売、宿泊料金、交通機関、商品販売などに向いており、消費者の購買心理を利用した巧みな価格戦略とも言える。近年では、AI技術を活用して、膨大なデータ（過去の傾向、閲覧数、競合分析や需要分析など）を扱うことで、より客観性の高い情報をもとに価格を決められるようになっている。

セールス・プロモーション

◆クーポン

特定の商品に対して一定金額の値引きを約束した、主に小売店発行の紙または電子化された証書である。顧客はクーポンを使用して対象商品の購入の際、値引きしてもらうことができる。クーポンは、街頭、雑誌(1987年解禁)、新聞（1990年解禁）、折り込みチラシ（1991年解禁）などによって入手可能で、近年では、スマートフォンを使用した電子クーポンが主流になりつつある。

◆サンプリング

顧客に試供品(無料サンプル)を配ることで販売促進を図る手法である。化粧品、ビール、ガムなどによく用いられる。

◆陳列

ディスプレイとも呼ばれ、主に顧客の好意を得るための制度的陳列と、ある特定のメーカー商品を販売するための貢献・促進的陳列に分けられる。たとえば、制度的陳列の中には、様々な商品を天井近くまで積み上げ、商品の豊富さとボリューム感を消費者に与え、売り場効率を高める圧縮陳列などの手法も近年用いられている。

◆実演販売

デモンストレーションとも呼ばれ、スーパーや百貨店などで実際に販売員が商品の使い方を示したり、あるいは魅力を引き出すために行う、顧客に向けての実演販売活動である。とりわけ、飲食料品、日用雑貨品、家庭・台所用品などにおいて効果を発揮する。

◆プレミアム

懸賞・くじ付き販売やおまけ付き販売によって販売促進を図る方法をいう。特にメーカーは顧客誘引のために懸賞、くじ、おまけなどをおとりにして対象商品の販売を促進しようとする。具体例としては、森永製

MARKETING EYE

菓『チョコボール』の「おもちゃの缶詰」、山崎製パンの「小皿」などがある。また、キャラクター付きの商品販売（航空会社、銀行など）やノベルティ・グッズ（プロ野球、Jリーグ、テレビ局など）による販売促進活動もプレミアムの一形態である。

◆トレーディングスタンプ

来店頻度や購買額などに応じてスタンプやシールをもらい、ある一定の数を集めると各種商品などと交換できることで販売の促進を狙った方式である。小規模な小売店でよく見受けられるが、今日では主にポイントカードにその姿を変えつつある。

◆ポイントカード

顧客の使用頻度や購買額に応じたポイントを与えることで（顧客は貯めたポイントを各種商品や金券などに交換することができる）、リピーターの確保を狙った、いわゆる「顧客の囲い込み戦略」の一形態である。特に、航空会社、ホテル、百貨店、スーパーなどで活用されている。近年、こうした業界では売上や利益の8割が上位2割の優良顧客によってもたらされているという、いわゆる「2:8の理論」が統計データより導かれていることもあり、こうした優良顧客をいかにして囲い込むかが重要視されている。

◆クチコミ

SNSやブログを通して噂話による効果を狙ったツールである。クチコミ効果として「ウィンザー効果」があるが、これは噂話の方が直接伝えられるよりも影響が大きくなるという心理効果を意味する。

ディ・マーケティング

 一般的に「マーケティング戦略」ときけば、需要を喚起するための企業の市場戦略活動と考えられ、市場において企業があらゆる手段を講じながら懸命に顧客の支持を獲得し、売上を伸ばしていく様を想像する。今日的な市場環境にあってはなおのこと、様々なマーケティング・プログラムのもと、そうした懸命な活動に奔走する各企業の姿が目に浮かぶ。しかしながら、場合によってはそうした企業が需要を意図的に抑えるような逆の活動を余儀なくされる珍しいケースもある。そうした本来のマーケティングとは逆向きの活動をディ・マーケティング（de-marketing）と呼ぶ。

 ディ・マーケティングとは、コトラーやレビィらによって提唱された概念で、一時的な供給減少や人気が出過ぎたために生じる過度の需要を抑制し、適正な水準にまで引き下げようとする（本来とは逆の）マーケティング活動である。

 一見すると売れ過ぎているのに何故わざわざ抑制する活動をしなければならないのかという素朴な疑問を持つかもしれないが、もし需要が過熱し、在庫がない状態を放置しておけば、顧客としては当該商品・サービスだけでなく、それを提供する企業への不満をも募らせかねない。つまり、商品・サービスの在庫が無い時にいたずらに需要を煽らず（販売促進費の削減の意図もある）、一時的に市場のクールダウンを図るとともに、その間に生産・在庫体制を整えることが得策なのである。

 企業によるディ・マーケティングの具体的な戦略手法としては、当該商品・サービスの価格の値上げ、一時的な広告・宣伝活動の停止、流通チャネルの制限などの手法があり、これらによって過熱した需要のクールダウンを行うことになる。なかでも大量販売をベースとした現代市場では、テレビCMやSNSを中心とした広告・宣伝などのプロモーショ

MARKETING EYE

ン活動の抑制が鍵を握ることになる。

　これまでのディ・マーケティングの具体例としては、たとえば、1990年代初頭にNTTドコモの携帯電話『デジタルムーバ』が発売された際、売れすぎて需要に生産が追いつかなくなり、テレビCMの一時中断などを行った事例がある。また、花王の入浴剤『バブ』、グリコの『ムース・ポッキー』、カネボウフーズの『オトコ香る。』の発売当初なども事例としてあげることができる。

　その他、社会的にも朝の通勤ラッシュを緩和するためにフレックスタイム制を導入したり、地域別の連休制度を導入したり、首都高速の昼夜間の料金システムの変更を行ったりと、今後はディ・マーケティングの社会的な活用も有用となろう。

　売れすぎて困るというのは何とも羨ましい話ではあるが、売れすぎることによって「買えない」という顧客側の不満が募るとすれば、ディ・マーケティングも企業の舵取りの戦略ツールとしてとらえていく必要があろう。

マーケティングにおける新機軸

　企業が消費者ニーズを探り出し、それを掘り起こすことは、実に難解な作業である。しかし、それができればライバル企業に対する競争優位は必然的に構築されるはずである。たとえば、ここで紹介する5つの視点は、企業にとってさらに発展していくための道標になるかもしれない。以降では5つの視点を概観しつつ、企業におけるヒット経営の構築に向けてのヒントを探っていきたい。

◆異常値の発見
　各企業は、市場での異常値（良い事例及び悪い事例の双方）を即座にキャッチし、それらをヒントにして自身の経営改善に活かすことを検討する必要がある。つまり、たとえどの時代のいかなる不況下であったとしても、各業界において異常なまでの好調ぶりを発揮する企業は常に存在するものであるし、また優良な商品を販売しているにもかかわらず、異常なまでの低調ぶりを示す企業も存在している。そうした異常値を発見し、それらを詳細に分析していく行為は、経営者としては不可欠な要素であり、またヒット経営を編み出すための試金石でもある。実際にスーパーマーケットをみても、店は汚いが価格は異常なほど安い、価格は高いが非常に安全性と品揃えにこだわっている、などといった特徴のあるところが好調な売上を顕している（中途半端な企業ではいけない）。

◆知の交差点
　知の交差点とは、異なった部署の面々が交わることで従前にないモノを創出する交流の「場」であって、それは社内のエレベータであっても食堂でも会議室であっても構わない（Amazon本社ではエレベータ内にホワイトボードを設置しいつでも課題をメモ書きでき誰かが答える仕組みを導入している）。たとえば、2004年下半期にヒット商品となったパ

MARKETING EYE

ナソニックのななめ式ドラム洗濯機のアイディアは、社員食堂での営業職と技術職とのたわいのない会話をきっかけにして開発されたと聞く。これは様々な部署の面々が交流できる場が社内に設けられていたからこそ生まれた斬新なアイディアだと言える。また、トヨタ自動車には、様々な部署に所属する有志の若手社員が集まって、会社に関わる未来構想を語り合う会があったと聞く。そこでは空想的な話も飛び交うが、これまでに長い期間をかけて具現化された商品もある（電気自動車の開発、自動で縦列駐車のできるシステムの開発、フロントガラス自体がカーナビのモニターになるシステムの開発など）。さらにコクヨの本社では、社員の決まったデスクはなく、出社時に空いているデスクを電子版で予約することになっている（1回に数時間しかいられないので、再使用の場合、デスクの取り直しが必要である）。このシステムは、異なる部署の社員が隣に座ることで様々な情報・意見の交換ができるような仕組みになっている（時には社長が新入社員の隣になることもある）。そこから生まれる新たなアイディアを経営に活かすと同時に、本システム（オフィス提案）を他社に販売することを意図している。

◆**ヒットシステムの構築**

いくらヒット商品やヒットサービスを生み出そうと躍起になったとしても、企業内にそれらを生み出すためのシステムが構築されていなければ、ヒット商品やヒットサービスは決して生まれることはないであろう。自社内の組織をいま一度見直し、ヒット商品やヒットサービスを生み出せるような、風通しのよい社内環境づくりをしていく必要がある。たとえば、社員からの意見が上層部まで汲み上げられているか、バディ制度など社内活性化の仕組みが取り入れられているか、部署間での交流が活発になされているか、良い働きをした社員に対する報奨金制度が確立し

MARKETING EYE

ているか、優秀な女性社員が登用されているか、社員にどれだけ権限が委譲されているか(LEGOは仕事時間に遊び時間を取り入れている)など、様々な点で組織内の見直しを行う必要があろう。

◆生活者提案

　生活者提案とは、企業が顧客に生活シーンにおける商品の活用方法・意義を提案したり、反対に顧客が企業に新たな商品の開発を逆提案することを意味する。たとえば、『リッツ』はパッケージに食べ方の提案を掲載することで、また花王は『メリット』の成分を何年かに一度変更し、より良い効果を提案することで、セブンイレブンは「冷やし中華」の味を季節に応じて変更し、より美味しさを提案することで、人気商品の地位を維持している。また、同様の商品を販売しているのに、店舗ごとで明らかに売れ行きが違う状況を見かけるが、売れ行きの良い店舗では、立地もさることながら商品のレイアウトによって顧客に生活者提案をし、他店との差別化を図っていくという工夫がみられる(たとえば、ハンズの生活シーンごとのレイアウトなど)。

　さらに、花王のエコーシステムは、当該商品や生活シーンでの様々な顧客のニーズや苦情を収集し、その個々の情報を商品開発や業務活動に活かしている。具体的には、洗髪時にリンスとシャンプーを取り違える状況(特に目の不自由な人)に配慮して、シャンプーの容器側面にデコボコを付け(リンス容器には付けない)、苦情を軽減させた事例がある。花王の最も評価されるべき点は市場の声を商品に反映させただけでなく、こうしたアイディアを競合企業などに情報提供し、業界全体での統一行動を図った点にある。

◆ネットビーイングの獲得

　ネットビーイング(Net-being)とは「ある目標テーマにおいて、企業、

MARKETING EYE

生活者、行政などを重層的関係につなぎ、独自収集した生活関連情報やアイディアを各々のニーズに応じて調理・加工し、伝達することでシナジー効果を生み出すキー・パーソン」をいう。つまり、商売的には情報通で多くの人達に多大な影響を与え、お店側にとっては最もケアを必要とするボス的な人物である。マーケティング的にみれば、企業がこうした人物を味方につけるか否かが鍵となる。ネットビーイングなる人物を自社に取り込むことで、その人物が関連する多くの顧客を得ることができ、また逆にケアしなかった場合、多大な損失を被る場合もある。下手なプロモーション活動よりも高い効果を見込むことができよう。

≪ネットビーイングの関係構図≫

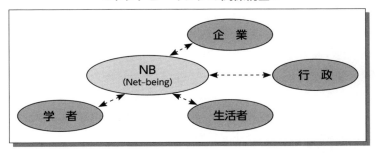

エリア・マーケティング

　エリア・マーケティングとは、地域間の差異を認識し地域（エリア）を細分化して、そのエリアごとの市場特性、顧客特性、流通特性、競争特性、情報特性、自然環境特性、文化・言語特性などに合わせて戦略的にマーケティング策定を行うことをいう。

　近年、市場の成熟化に伴い顧客ニーズは多様化しており、それらに対応するためにエリア・マーケティングの重要性が高まっている。たとえば、地域別にCM内容を変えて各地域の購買ニーズを高める（キリンビール、UHA味覚糖、NTTドコモなど）、同一商品にもかかわらず地域別に味や原料を変える（日清食品、東洋水産など）、『秘密のケンミンSHOW』などのテレビ番組から地域発の商品・サービスを全国的に展開する（肉巻きおにぎり、ご当地カレーなど）、エリア分析から出店場所を検討する、などがそれにあたる。

　とりわけ、エリア分析からの出店展開が興味深い。マクドナルドやTSUTAYA（CCC）は、新規出店に際して、既存店情報（年商・月商・曜日別の販売データ）、競合店情報（百貨店、スーパーマーケット、コンビニエンスストア、ファーストフード）、対象エリアの顧客層の特性（人口、所得、世帯数、年齢、職業）、立地情報（駅乗降客数、交通量、駐車場の有無）、さらには狭い地域のメッシュデータ（メッシュ内人口、男女比、年間小売販売額、年間飲食販売額）なども加味して、複合的な視点から出店を検討している。これによりマクドナルドは無駄のない出店を展開し、競合店との差別的優位性を確保している。またTSUTAYAは、地域別の顧客のデータマイニングによって地域ごとの品揃えを行ったり、地域データと顧客データを加工して（顧客をライフスタイル別に分類）、他業種の企業に出店支援システム自体の販売を行っているとも聞く。

MARKETING EYE

　また、コンビニエンスストアのエリアのとらえ方も興味深い。たとえば、セブンイレブンはいわゆるドミナント戦略において店舗展開を行っている（ABC マートなども同様である）。ドミナント戦略とは、地域を特定し、その特定地域内に集中した店舗展開を行うことで経営効率を高め、地域内のシェアを拡大し、競合店よりも優位に立つことを狙った戦略である。セブンイレブンは特定地域内において重点的に出店を行い、その地域を完全に抑えた後でしか、次の地域に出店することはしない。業界１位の店舗数・売上でありながら着実に国盗り型出店をしてきた状況を鑑みれば、47 都道府県にいち早く出店したローソンと比べて、戦略上の大きな違いがみられる。また近年、各コンビニはエリアのとらえ方を変えつつあり、たとえばエリア特性に適合した出店を行ったり（広島カープの本拠地球場近くのローソンを赤ローソンに変えたり）、角地で駐車場もあり人通りが多い場所だけを重視せず、特に顧客が多い地域を徹底的に調べ上げ出店を展開している。セブンイレブンは大学、ローソンは遊園地、病院、警察署などに出店攻勢をかけている。中には、ディズニーランドの従業員用として出店しているコンビニもある。

　さらに、原宿はファッション（H&M、ユニクロ、ZARA）、秋葉原は家電やサブカルチャー、神田は古本などといったように、同一地域に同業種が集まるようなエリア展開も興味深いマーケティング現象のひとつである。いずれにせよ、現代市場においてエリア・マーケティングは、必要不可欠な要素となりつつある。

顧客のデータマイニング／ビッグデータ

◆顧客のデータマイニング

　近年では、顧客のデータベース化（顧客ごとの個人ニーズやパーソナリティに関わる情報ファイリング）や顧客のデータマイニング（顧客のデータベースや購買履歴から得られた情報を活かした顧客売上の掘り起こし）が各業界の企業にとって必要不可欠となっている。これにより「顧客の囲い込み」を行い、競合他社との差別化を図ることになる。たとえば、ある顧客やその家族の誕生日に合わせてプレゼント用のカタログを送ったり、各々の顧客の購買状況に合わせて商品・サービスの提供を変えてみるなど、様々な戦略を立てることができる。近年では、顧客のデータマイニングより一歩進んで、顧客の手紙や電子メールなどから顧客の想い（考え）を読み取る、顧客のテキストマイニングにまで進展している。オフィス用品のカタログ販売で有名なアスクルは、データマイニングは当然のことだが、顧客からのメールの文脈（テキスト）から売上の掘り起こし（マイニング）を狙っている。

　また、顧客のデータマイニングに一役買っているのがポイントサービスである。ポイントサービスは、顧客の使用頻度や購買総額・金額に応じたポイントを与えることでリピーターの確保を狙った、いわゆる「顧客の囲い込み戦略」であるが、別の目的として顧客のデータベース化を確保し、データマイニングを行うための方策ともなる。たとえば、航空業界におけるマイレージなどは、搭乗ごとにマイルを付与するとともに、その頻度によって顧客のグレードとサービスの付与も変えている。これにより、顧客の囲い込みが進み、競合他社との差別化が図られることになる。多くの顧客を扱う会社、とりわけ百貨店、スーパー、コンビニなどの小売業や、飲食店、美容院、航空、ホテルなどのサービス業、通販業などでは、顧客のデータマイニングが、今後マーケティング戦略の重

MARKETING EYE

要な原動力となろう。また、メーカーにおいても、BtoB（Business to Business）のツールとして顧客のデータマイニングを取り入れていく必要があろう。

◆ビッグデータ

　企業のPOSデータやポイントカードからの顧客情報や消費者の購買履歴のほか、交流サイト（SNS）上の書き込み、位置情報、天気情報、交通情報、防犯カメラ映像などのビッグデータを活用して、品揃え、人員配置、売り場づくり、商品開発などの企業戦略や社会問題の解決に活用する動きが高まっている（当初の活用としては、売上の拡大を狙うよりも損失を縮小するような活用が多かった）。たとえば、検索ワードのビッグデータを活用する際、花粉症の季節に「子ども」や「マスク」の単語検索が増えてきた場合、小さなサイズのマスクの需要が高まってきていることが分かり、品揃えに活かすことができる。その他、ビッグデータの具体的な活用例としては、売れ筋の把握と棚スペースの確保、相性の良い商品や店の洗い出し、個々人の関心に合わせた情報提供、来訪者が観光地にどの程度滞在しているかの分析、野菜の収穫日と収穫量の予測、燃費の良い航路や速度の分析、住民の転出入状況を分析し定住人口を増やす戦略づくり、最適な交通経路の割り出しなどがある。課題点としては、個人情報の管理、データの管理法、データの活用法の洗練化が必要とされよう。

クロス・マーチャンダイジング

　マーチャンダイジングとは、製品計画（売れるための製品づくり）、仕入政策（仕入先、仕入時期・数量などの検討）、在庫管理（在庫コントロール）、品揃え（商品の品目、種類、数量などの検討）、棚割陳列、店内レイアウト（商品の効果的な配置）、価格政策（戦略的な価格の設定）などによる、商品を売るための生産・流通・販売の総合的な計画・活動である。あえて日本語に訳すとすれば「商品化総合計画」ということになろう。そうしたマーチャンダイジングの中にあって、近年、コンビニエンスストアをはじめドラッグストアやスーパーマーケットなどが重用し始めているのが「クロス・マーチャンダイジング」である。

　クロス・マーチャンダイジングとは、小売業における売場構成や棚割陳列を考えていく際に、商品を単に部門別に陳列していくだけではなく、関連のある商品を計画的に一カ所にまとめて陳列・販売することによってセット買い（ついで買い）需要を高め、売上を伸ばしていこうとする販売手法である。

　たとえば、石鹸、シャンプー、体を洗うブラシなどを入浴グッズとして一緒に陳列したり、パスタ、ソース缶、パルメザンチーズなどをスパゲティコーナーとして一カ所にまとめたり（個別の陳列とは別に）、精肉陳列の隣にすき焼き・焼肉用のタレを陳列するなどが考えられる。また近年では、蔦屋書店代官山店がモデルにしたといわれる、誠品書店（台湾発の誠品生活）では、料理本の横に調味料を置いたり、旅行本の近くに旅行グッズを置くなどした複合的なクロス・マーチャンダイジングも展開されている。

　実際に、花王などは、カテゴリー・マネジメントのなかにあって、クロス・マーチャンダイジングの販売手法を小売業者に積極的に推奨しているし、また世界一の小売業であるウォルマートもポイントサービスか

MARKETING EYE

ら顧客の購買動向を把握し、それに合わせた適切なクロス・マーチャンダイジングを展開している。

とりわけ、ウォルマートは顧客のデータマイニングによって顧客の購買履歴を詳細にチェックしたところ、シリアルを購入している顧客がかなりの確率でフルーツ、特にバナナを購入していることを見つけ出した。そこからドライフルーツ入りのシリアルをメーカーと共同開発していくと同時に、バナナを通常のフルーツ置き場とは別にシリアルの隣にも置くというクロス・マーチャンダイジングの手法を用いたところ、売上が急激に伸びたという。もともと気付いていた顧客には利便性を、認識していなかった顧客には食べ方の提案をするという二重の効果をもたらしたのであった。つまり、顧客が認識していなかった「暗黙知」(経営理念や経験のような形として明示しにくい知識)を、食べ方の提案という「形式知」(業績データや商品自体などによって実際に表せる知識)に変化させることでより効果をあげたと言える。今日ではクロス・マーチャンダイジングは、ウォルマートをはじめとする小売業者の必須の手法のひとつとなりつつある。

最近のスーパーマーケットでは、ジャガイモ、ニンジン、玉ねぎなどの野菜売場の近くに、カレーライスの匂いを出す装置を設置し、香りと陳列の組み合わせ(クロス・マーチャンダイジング)で、販売を促進させている。

売り逃しの重要性とその対策

◆売り逃しの重要性

　消費者に購入してもらえなかった、いわゆる「売り逃し」が想像以上に多い。実際に流通業者の関係者に聴いたところ、売り逃しは相当な額にも及ぶという。今日的な市場環境では、メーカーと小売業は連携を維持しながら売れるものだけに注目するが、一方で売り逃しを把握し、それらを購買に変えていくことも重要視する必要がある。

　企業の「売り逃し」は消費者から見れば「買い損ね」とも言えようが、筆者自身に置き換えてみても確かに商品を購入しようとしていたが、結局購入できなかった（しなかった）ケースが幾度となくあったことに気付く。その状況は様々だが、①商品購入時にお金を持っていなかった、②購入しようと思ったが商品が売り切れていた、③欲しい色・サイズなどがなかった、④商品自体は気に入ったのだが店員の態度が気に入らなかった、⑤店に赴いたが定休日あるいは閉店後（開店前）だった、などがその理由として思い当たる。いずれにしても、消費者が当該商品を購入する可能性があったのにもかかわらず、販売できなかったとすれば、企業側としてはそれらを販売へとつなげていく努力が求められよう。

　こうした売り逃しに対する戦略は、現在では徐々に向上しつつある。たとえば、上記①に対してはATMの設置やクレジット購入によって、②及び③に対しては需要予測精度の向上や豊富な品揃えの実現によって、④に対しては店員教育の徹底・改善によって、そして⑤に対しては定休日の縮小、開店時間の延長、SNS等の活用などによって、それぞれ対策を行っている。またそれに加えて、顧客のニーズを徹底的に洗い出し、そのデータに基づいて品揃えや販売戦略に活かすような動きも現れている。たとえば、アパレルメーカーなどはICタグ（砂粒ほどの大きさの極小ICチップとアンテナで構成された荷札）の活用によって捕

MARKETING EYE

捉困難な顧客ニーズの収集方法を模索している。具体的には、何がいつどこで売れたかのデータはPOSで収集可能だが、ICタグを使用することでこれまで捕捉困難であった、どの商品がどれくらい手に取られ、商品棚に戻されたかというデータも得られる。これによって売れ筋（または死に筋）の早期把握と、どの商品をどのようにプッシュすれば売れるのかの判断データを獲得できるのである。

◆コンバージョンレート

コンバージョンレート（CVR）は、Webサイトの訪問者数に対するそのサイトで商品を購入したり、会員登録を行ったりした人の割合のことである。Web上においてCVRを上げるべく、推奨機能の充実など様々な仕掛けが考案されており、企業側の努力を垣間見ることができる。

「おそらく売り逃しがあったのであろう」などといった曖昧な判断で処理することなく、科学的な分析によって「売り逃し」を認識し、その状況に応じた具体的な手段を講じることこそが激変する市場環境を乗り切るための処方箋のひとつになるのではなかろうか。

◆ラストワンマイル

ある商品・サービスが顧客に届くまでの「最後の区間」を指し、マーケティング的に解釈すれば、顧客に商品・サービスが到達する最後の接点を重要視する必要があるという点を強調するキーワードである。当初、通信業界で用いられ、さらには物流、交通業界で用いられることが多いが、さらに進んで、マーケティング全般でも活用されている。今後は、顧客に向けたラストワンマイルにおける価値を再定義していくことが、売り逃しを避け、問題解決の糸口や新たなビジネスの創出ポイントとなると考えられる。

市場調査／マーケティングリサーチ

◆市場調査

<市場調査の目的／データの種類>

　市場調査の目的は、企業のマーケティング戦略の策定のための有用データ（企業の情報、消費者の情報、企業と消費者の関係情報）を獲得することにある。これらのデータは、1次及び2次データから収集される。1次データは、ある目的に際し新しく収集されるデータである（自社製品の購入者データなど）。2次データは、他の目的で既に収集済みの情報データであり、たとえば、内部データとして、自社の販売記録、売上データ、外部データとして、業界団体、各種名簿、政府機関、公共団体、図書館、調査会社などから得られるデータがある。

<データ収集の方法・対象・尺度>

　データ収集の方法は、質問法（郵送、面接、Web・メールなどによる調査法）、観察法（調査者が消費者の購買行動を直接監視する調査法）、実験法（変数要因の関係、たとえば値引きや販売促進を実施した場合、売上高にどのような影響が出るかを測定する方法）などがある。

　一方、データ収集の対象は、母集団の中から一定数を抽出すること（標本）で得られる。その標本を母集団から選び出すことを標本抽出と呼ぶ。標本抽出の方法の代表例が、無作為抽出法（母集団から無作為に標本を選び出す方法）と層化抽出法（母集団が幾つかの異質なものから成り立っているとき、まずは同質なもの同士をまとめて、母集団を一つの層に分けた上で、母集団と等しい構成比率で各層から無作為抽出法で標本を抽出する方法）がある。

　データ収集の尺度には、比例尺度（原点を中心にして尺度上の目盛りの間隔が等しい尺度で、たとえば、体重、身長、売上高などが当てはまる）、間隔尺度（原点が任意であるが、目盛りが等間隔になっている尺

MARKETING EYE

度で、たとえば、温度などがあてはまる)、名義尺度(間隔や序列を意味するものではなく、便宜上数字で表しただけの尺度で、たとえば、性別を男性1、女性2と符合するなどがあてはまる)などがある。

<調査方法(定量調査、定性調査、覆面調査、統計データ調査)>

　定量調査とは、消費者に対して郵送・対面・インターネットなどを用いてアンケートを行い、データを収集する方法である。また、定性調査とは、属性(年齢・性別・職業など)が共通するグループや個人にインタビューを行い、顧客の本音や本人が認識できなかった意見を引き出す方法である。覆面調査(ミステリーショッパー)とは、第三者が消費者として実際にサービスを利用し、依頼主に情報提供する方法である。統計データ調査とは、政府などの公的機関が調査・公表している統計データをもとに、ターゲットとなる顧客の属性(年齢・性別・職業など)に合わせて、数値の割り出しや統計データを調査する方法である。

◆マーケティングリサーチ

　市場調査がデータで市場の現在の市場動向を把握するのに対して、マーケティングリサーチはデータからこれからの商品・サービスの市場動向を予測し考察することに主眼がおかれている。それゆえ、市場調査はマーケティングリサーチで使われる調査の一つといえる。

　マーケティングリサーチの具体例として、製品テスト(顧客に新製品または既存の販売商品を実際に使用してもらい、顧客の評価を探る調査方法)、ホームユーステスト(対象商品の試供品を各家庭に配って一定期間使用してもらい、その結果を記録・提出してもらう調査方法)、パッケージテスト(製品パッケージのデザイン、色、使いやすさ、材質などに関する調査方法)、ネーミングテスト(対象商品・サービスにどういったネーミングが合うかについて顧客に尋ねる調査方法)などがあげられる。

MARKETING EYE

第2章

消費トレンドエリア

～消費トレンドにおけるマーケティング～

16 ポイントカード及びマイレージ・プログラムを巡る展開

◆ポイント・エコノミー

　野村総合研究所によれば、日本の2024年度の民間部門のポイント発行額はおよそ１兆4,000億円を超え（2022年度の行政部門のポイント発行額は9,500億円超）、2027年には１兆6,000億円を超えるとされる。世界的に見て、ポイント・エコノミーが発展しているのは、日本を含むイギリスとインドネシアなどの島国である。

　消費者がお得感を得るための道具として、また顧客の囲い込みを進める企業側の道具として大規模に発展してきたポイント・エコノミーだが、懸念される問題点もある。第１に、物価など経済に与える影響についての分析や統計が実際に追いついていないこと、第２にポイントに関わる利用者を守る制度づくりが遅れていることである。ポイント・エコノミーの普及は、マクロ経済や家計の実態をつかみにくくしている。ポイントがもたらす課題や不合理について、冷静に対処する時期にある。

◆ポイントカードの概要

　ポイントカードは、主に商品やサービスの購買金額に応じてポイントを貯めることができる仕組みである。顧客は、貯めたポイントを様々な商品、金券、現金などに交換することができる。ポイントカードの発行者（主に企業）には、ポイントを顧客に付与することでリピーターを確保し、商品・サービスの再購入を促すことができ、さらには顧客のデータマイニングを行うことができるメリットがある（ポイント還元が債務となるデメリットもある）。最終的には「顧客の囲い込み」を狙うのである。近年、業界によっては売上や利益の８割が上位２割の優良顧客によってもたらされるという、いわゆる「２：８の理論」がデータより導かれており、優良顧客をいかに囲い込むかが重要視されている。

　顧客側としてはポイント還元が最大のメリットとなろうが、買わずと

MARKETING EYE

もよい商品をポイント獲得のために購入したり、購買パターンを記録されたりといったデメリットもある。ただ、ここまでのポイントカードの成長を見る限り、総じて顧客はデメリットよりもポイント還元というメリットを支持していると言えよう。

現在、ポイントカードは、航空会社、百貨店、飲食店、コンビニエンスストア、ホテル、クレジットカードなど特にサービス業を中心にして活用されている。近年、ポイントカードは、「Vポイント」「Rポイント」「dポイント」のように複数店舗で共通ポイントを貯められたり、「Edy」「Suica」「PayPay」などの電子マネーと連動したりと、企業と顧客双方のメリットを活かすツールとして進化している。

◆マイレージ・プログラム

ポイントカードの中で最もメジャーなのは、ANAなどの航空系のマイレージ・プログラムである。1981年にアメリカン航空がマイレージを導入して以来、外資系の航空会社でマイレージは一般的になったが、日本での導入は1997年であった。マイレージは、搭乗飛行距離や搭乗回数に応じて顧客にポイントを与える仕組みであり、貯めたマイルは無料航空券や商品などと交換できる。顧客にとっては、マイルを獲得しそれを各種特典に交換するメリットがあり、航空会社にとっては顧客の囲い込みを推進でき、顧客のデータマイニングによるプロモーションの展開が可能となる。マイレージは基本的に債務だが、そのポイント債務は2021年から「収益認識会計基準」により、会計処理上、費用から収益として処理されるようになった。現在では、マイレージ・サービスの利用人口は世界で推計約12億人とされ、利用者が保有している未使用の特典マイルは航空券に交換した場合（1マイルの価値は平均で約3セント＝約3円）、金額換算で数十兆円にも上ると試算される。

MARKETING EYE

　翻って、近年、航空会社は、様々な業種と提携しマイル付与を行っているほか、クレジットカードでの買い物代金などに応じてもマイル交換を行っており（基本的には提携先が販売促進のためにマイル付与分を航空会社に支払っている）、確実にマイル獲得の機会は拡大している。この結果、利用者が保有するマイルは急増し、マイレージ・プログラムは各業種での販売促進の有効なツールとして重用されている。

◆ポイントサービス戦線に異常あり

　ポイントサービスは企業の必須アイテムとなった一方で、ポイントサービスを取りやめる企業もでている。長期的にはポイント還元よりも、価格やサービスなどに力を入れる方が得策だと考えたようである。

　ポイントサービスの問題点は、一時的に売上が伸びてもポイントの発行元に結局債務として跳ね返える点にある。つまり、売上などに応じて提供したポイントは最終的に何かの形で顧客に還元せねばならず、その還元分が提供側には債務となる。こうしたポイント分は、会計処理上、ポイント発行時に契約負債として計上し、売上マイナスの処理を行うことになる。

　顧客の囲い込みによる売上増を狙うポイントサービスも、ポイント発行時に直接売上に影響し、脆弱な中小企業にとっては諸刃の剣ともなりかねず、ポイントサービスを安易に始めるのは十分な検討が必要となる。こうした状況を踏まえた上でポイントサービスの成功要件をあげれば次の条件を満たすことが必要とされよう。第1にある程度の客数と客単価の規模であること、第2に当該企業が競争状況にあること、第3に反復性・継続性のある購買商品であること、第4に財務体質に余力があること、第5にポイント還元を自己商品あるいは関係性のある商品に絞り込むこと、などがあげられる。

The 19th hole ②
言葉の由来あれこれⅠ

　これまで何気なく使ってきた言葉の起源を知ると、その由来に大変驚くことが多い。そこで、ここでは経済に関連した用語を中心にして、その言葉の由来をみていきたい。

❶**簿記**：『帳合之法』で福沢諭吉が日本に広めた簿記だが、その簿記の語源は「book keeping」の発音に由来している。つまり、ネイティブが発音すると「ブック・キーピング」が「ブー・キー」あるいは「ボー・キー」と聞こえたところから、現在の簿記(ボキ)となったとされる。また一方で、帳簿記録の略語だとの説もある。

❷**書き入れ時**：帳簿記入(書き入れ)に忙しい時の様から、利益・もうけの非常に多い時を意味する。「ご飯をかきこむ」など、非常に沢山のものを取り込む様に由来するとの誤解が意外に多い。

❸**カラット**：宝石の重さの単位カラット(carat)は、一粒ごとの重さにばらつきが少なく、分銅として使われていた「keration(ケラティオン＝イナゴ豆)」という豆にその語源をみることができる。また、金の純度を示す際に18Kや24Kと表記するが、これも金の頭文字のKではなく、「carat」から変形した「karat」に由来するとされる。

❹**ライバル**：競合者・競争者の意。その語源は、同じ川(river)から水を取り合うもの同士(rival)の関係に由来しているとされる。

❺**ボイコット**：不買(排斥)運動の総称で使われているが、その語源は、実在の人物のボイコット［C. Boycott(1832-1897)］に由来する。アイルランドの土地管理人だったボイコットの政策に対して、住民が不買(排斥)運動の戦法を初めてとったところから、彼の名前が現在でも不買(排斥)運動の総称となったと言われている。

❻**ポンド**：ポンド(pound)は、英の通貨単位「£」や重さの単位「lb.」で表されるが、なぜ読みはpoundなのに表記はlb.なのか。実はこの表記、重さを量る「天秤(libra)」に由来し、その名残なのである。

Web上及びアプリでのポイントサービスの現状とその役割

◆Web上でのポイントサイト

　Web上でのポイントサイトとは、アフィリエイト（Webサイトに企業サイトへのリンクを貼り、閲覧者がそのリンクを経由して当該企業サイトで商品購入をしたりすると、リンク元の主催者に報酬が支払われる広告手法）と同様に、ネット上での閲覧や商品購入などによってポイントを獲得できるサイトである。このことは、広告売上高においてインターネット広告が2005年にラジオ広告を、2010年に新聞、雑誌を、2019年にはテレビ広告を上回り（電通調査による）、インターネット広告とともにポイントサイトの重要性も高まっている。

　ポイントサイトによる企業のメリットは、①ポイント付与で各サイトの利用率を高め、ネットショッピングの活用を促進できること、②ポイントを餌にしたアンケート調査によって消費者動向・嗜好などを把握できること、③メールやサイトを活用することによって安価で広告・宣伝を行えること、などがあげられる。一方、消費者のメリットとしては、まずはポイントを獲得できること、さらには商品購入に際しての利便性を高められること、などがあげられる。

　基本的にWeb上でポイントを貯めるには、当該サイトで会員登録を行い、サイトごとの様々な要件を満たすことでポイントを獲得することができる。ポイント獲得のタイプとしては、サイト上でのショッピング【商品購入系】、アンケート調査などへの協力【調査系】、サイト訪問やバナー広告の見て回り【広告閲覧系】、キャンペーンやゲームなどへの参加【娯楽系】の各タイプの組み合わせとなり、各々の要件を満たせば自動的にポイントが貯まる仕組みになっている（ポイント獲得後、それを「ドットマネー」などを通じて他ポイント、現金、マイルなどに交換）。

MARKETING EYE

　たとえば、「ECナビ」「moppy」などでは、商品購入、サイト内の広告閲覧、ゲーム、アンケート調査への協力など、多岐にわたってポイントを獲得することができる。また、様々なポイントをひとつに合算するユニークさを売り物にしているサイトなど、実に様々なタイプのポイントサイトがある。これらのサイトは、無理に買い物をしてまでポイントを貯めたくない消費者にとってはお得なサイトと言えるかもしれない。

　一方、「マクロミル」では、登録顧客の属性に応じて配信されるアンケート調査に協力することでポイントが獲得でき、それを現金や他のポイントや商品などに交換できる。さらに、「楽天ポイントプログラム」は、楽天市場、楽天トラベル、楽天ブックスなどから商品購入で楽天ポイントを獲得できるが、様々なキャンペーンの利用で獲得ポイントを数倍に増やすこともできる（楽天経済圏を構築）。Web上で商品購入をする消費者にとっては、関連サイトやアプリとの連携で、大量のポイントを獲得できる（楽天市場での商品購入の場合、ANA／JAL楽天トラベルやANAマイレージモールなどを経由すればダブルディッピングが可能である）。

　近年では、Yahoo!やAmazonなども、これまで以上に商品販売に力を注ぎ始めており、ネットショッピング市場は競争激化の様相を呈している。したがって、この状況を勘案すれば、ネットショッピングの促進や広告・宣伝のツールとしての役割を担ったポイントサイトは、今後さらに重要視されると考えられる。

　しかしながら、ポイントサイトの進展においては懸念材料もある。たとえば、登録顧客情報の管理の問題、またポイントサイトの競争激化による淘汰・相互疲弊の問題などがあげられる。今後は、企業及び消費者双方にとって魅力度やベネフィットに富んだものとして進化していき、

MARKETING EYE

ネットショッピング市場を成長させ、あるいは消費者の動向を把握するために大きな役割を果たすことになると考えられる。

≪主なポイントサイトの一覧≫

サイト名	特典・特徴
ECナビ（リサーチパネル含む） 【商品購入・広告閲覧・調査系】	商品購入、アンケート、広告閲覧、ゲームなどでポイントを獲得。現金、マイルなどに交換可能。
マクロミル（MillWallet含む） 【調査系】	登録顧客の属性に応じたアンケートの回答によりポイントを獲得。現金、電子マネーなどと交換。
楽天ポイントプログラム 【商品購入・娯楽・調査系】	各種楽天サイトを通じてポイントを獲得（楽天経済圏）。格付けなどで顧客の囲い込みを進展。
Gポイント 【商品購入・娯楽・広告閲覧系】	他サイトのポイントを集約できるユニークなサイト。配信メール内の広告閲覧でもポイント獲得。
moppy（モッピー） 【商品購入・娯楽・広告閲覧系】	商品購入、アンケート、広告閲覧、サイト閲覧、ゲームなどによりポイント獲得。

◆アプリ上でのポイントサイト

　ポイントを巡る動きが、スマートフォンのアプリを中心に動き始めている。パソコンなどのWebサイトと連携しているものもあるが、多種多様な形態のアプリにおいてポイント市場において活況を呈している。

　たとえば、PayPayやd払い、またそれらに連動した楽天ポイントやdポイントなどのアプリでは、基本的には商品・サービスの支払額に応じてポイントを獲得できる（ウエルシアでは毎月20日にWAONを使ってのキャンペーンで大幅なポイント還元を行っている〈ウエ活とも呼ばれている〉）。また、ローソンやファミリーマートのようなコンビニのアプリでは、購入額に応じてポイントを獲得できるのと同時に、アプリ内でのお得なクーポンの配信により顧客の囲い込みを進めている。

MARKETING EYE

　その他、アプリ内の広告閲覧によりポイントを獲得するTik Tok Lite、移動（距離）することでポイントを貯められるトリマ、ANA Pocket、Miles、健康増進・維持によってポイントを貯められるPepUp、領収書の写真を登録する（送る）ことでポイントを貯められるOne、CASHMART、レシーカ、宿泊やレストランの使用に応じてポイントを貯められる各種ホテルアプリ、レストラン・居酒屋などの飲食の予約などによってポイントが貯められるホットペッパー、ぐるなび、食べログなど、実にスマートフォンを通じて使われる各種のアプリがある。

≪主なアプリの一覧≫

アプリ名	特典・特徴
PayPay／d払い　等	支払額に応じてポイントを獲得。
楽天ポイント／dポイント／Vポイント／WAON　等	購入額に応じてポイントを獲得。ポイントはそのまま支払いに使用可能。WAONを通じてのウエル活は有名。
ローソン／ファミペイ／セブンイレブン　等	購入額に応じてポイントを獲得。各サイトともお得なクーポンの配信とともに、ゲームなどでポイントを獲得。
Tik Tok Lite　等	報酬タスク、広告閲覧などでポイントを獲得。ポイントはPayPayなどに交換可能。
トリマ／クラシルリワード／Vヘルスケア／ANA Pocket／Miles　等	徒歩、自転車、車、電車、飛行機などでの移動（距離）によりポイントを獲得。ポイントはPayPayなどに交換可能。
PepUp（私学教職員用）／ピアコネ　等	体重／心拍数などを記録したり、ログインするなどでポイントを獲得。ポイントはPayPayなどに交換可能。
One／CASHMART／レシーカ　等	レシートをカメラで撮って送ることでポイントを獲得。ポイントは現金や他のポイントに交換可能。
Agoda／FUJITA／都プラス／JR東海ツアーズ　等	宿泊やレストラン使用の金額に応じてポイントを獲得。ポイントは支払いなどに使用可能。
ホットペッパー／食べログ等	予約でポイントを獲得。飲食店の支払いに使用可能。

有名企業の意外なビジネス

　ここでは、異色の分野に進出している有名企業の事例を取り上げ、そこから今後の企業の事業戦略のヒントを探求してみたい。

◆JT

　JT（日本たばこ産業）は、たばこ事業以外に、医薬品事業、加工食品事業（テーブルマーク、富士食品工業など）を展開している。2001年にバーガーキング、2005年に専売病院を売却し、2015年にサントリー食品に『桃の天然水』『Roots』を売却しており、今日では多角化事業の整理と海外向けのたばこ事業の強化をM＆Aによって進めている。

◆日清紡

　日清紡は、繊維事業をはじめ、無線・通信、マイクロデバイス、ブレーキ事業、精密機器事業、化学品事業、不動産事業（商業施設や住宅地開発）などマルチな展開をみせている。とりわけ、無線・通信事業では商船向けブリッジ、近距離無線、超音波装置技術では屈指の企業である。

◆ノリタケ

　ノリタケは、その陶器・食器事業を柱にして（大倉陶園を含む）、工業機材事業（研磨機器、カッターなど）、セラミック・マテリアル事業（ファインセラミック、電子部材、蛍光表示管など）、エンジニアリング事業（焼成炉、抗体精製装置、切断機など）の分野で事業を展開している。なかでも、電子事業を支えるノリタケ伊勢電子は、1967年に世界で初めて蛍光表示管を開発し、今日ではタッチパネルの製造で有名である。また、抗体精製装置は医薬品業界への展開も視野に入れている。

◆王子製紙

　王子製紙は、主に高級ホテルや一流百貨店向けスモークサーモンを製品化している。1961年、当時副社長がロンドン出張で食べた美味しいス

MARKETING EYE

モークサーモンが、実は北海道・日高沖産の鮭だということを知り、同社は、すぐさま地元の鮭と自社の木材を用意して、当該事業を起こした。試行錯誤の中から、椎や樫などの広葉樹を使用した独自の燻製用木材のブレンド技術を開発し、独特の風味を醸し出した高級品を作り出すことに成功した。現在、サーモン事業を分社化し「王子サーモン」が取り扱っており、スモークサーモンをはじめ、燻製やおつまみなどもある。

◆サントリー

　サントリーは、サントリー食品インターナショナルをはじめとした多くのグループ企業で構成されており、事業としては酒類、ソフトドリンク、健康食品、スキンケア・ヘアケア、外食（ハーゲンダッツ、響など）、花・野菜など幅広い事業展開をしている。特にサントリーフラワーズ（2002年7月分社化）が展開する花事業は、サントリーグループの中でも主力ビジネスのひとつである。1989年から進出した花事業は、いまや世界的な展開をみせており（欧米ではサントリーといえば「花」の会社というイメージ）、独自に開発した『サフィニア』をはじめ、『ミリオンベル』『ムーンダスト』『花手毬』『庭小僧』『プリンセチア』『アプローズ』などのヒット商品を生み出している。近年では、花だけでなく野菜（本気野菜）、園芸なども扱うほどに拡張している。

◆アサヒビールHD

　アサヒビールは、酒類事業以外にもグループ企業において多くの事業を展開している。たとえば、アサヒ飲料ではソフトドリンクなどを、アサヒグループ食品ではサプリメント、健康食品、菓子、フリーズドライ（天野実業）、ベビーフード（和光堂）、カルピスなどを取り扱っている。なかでもフリーズドライは、野菜、果実、味噌汁、スープなど、業界トップクラスの技術と売上を誇っている。

MARKETING EYE

◆トヨタ自動車
　トヨタ自動車は、自動車事業はもとより住宅事業、金融事業、マリン事業など、幅広い事業を展開している。なかでも、水素エネルギーの活用、環境系の事業は農業・医療福祉への進出、屋上緑化、廃材のアップサイクル、ウッドチップ舗装などが展開されており、これらは自動車販売で地球に負荷をかけている分をリカバーしようとする試みである。

◆スズキ
　スズキは、1991年の自動車部門の東欧進出を契機に、また文化交流を進める意味もあって、グループ企業のスズキビジネスを通じて、ハンガリー産の世界的に有名な『トカイワイン』をはじめ、高級ハチミツ、陶器（ジョルナイ）などを取り扱っている。

◆富士フイルムHD
　富士フイルムHDは、事務機やカメラなどの写真・映像関連商品以外にも医療領域にも進出している。医療領域では、デジタルX線画像診断システム、電子内視鏡、医用画像情報システム、デジタルマンモグラフィシステム、サプリメント、動物医療などを展開している。また2006年にはスキンケア化粧品の『アスタリフト』、さらには『メタバリア』などのサプリメントも展開し、当該領域への拡大も進めている。

◆グンゼ
　グンゼは、繊維事業以外にも電子部品、プラスチック、スポーツ、環境緑化（樹木・花卉販売）、商業施設など多くの事業を手掛けている。特にメディカル事業は世界的な展開を行っており、とりわけ、ニーズの高い医療用の人工真皮『ペルナック』や吸収性縫合用材などを取り扱っている。繊維事業分野のバイオ技術と非繊維分野のプラスチック技術の双方を活かしたこうした商品は、これまで治療困難であった深い熱傷や

MARKETING EYE

皮膚欠損の修復・治癒に重用されており、動物実験などを避けるための代替キットとしても活用されている。

◆オリックス

　オリックスは、銀行、生命保険、ホテル、建設、不動産、車・飛行機のリース、太陽光発電、廃棄物の再資源化など幅広い事業を展開している。もともとリース業を生業としているが、プロ野球、水族館（江ノ島水族館など）なども運営している。

◆バンダイナムコHD

　バンダイナムコHDは、トイホビー、リアル及びネットワークエンターテインメント、映像音楽などの事業を展開している。なかでも福祉サービス事業における福祉ゲーム機器の展開は興味深い。同社は、「遊び」と「福祉」の融合を目指す「バリアフリーエンターテインメント構想」を提唱し、とりわけ、高齢者や障がい者に向けた福祉ゲーム機器を福祉施設やリハビリテーション施設に展開させている（ハンマーフロッグ、太鼓の達人、もぐらたたきなど）。「超高齢化社会」に向けて、高齢者福祉に寄与する新しい遊びの空間づくりに精力的な展開をみせている。またバンダイナムコウィルでは知的障がい者の就労支援も行っている。

◆ダスキン

　ダスキンは、クリーニング事業、レンタル事業、ヘルスケア事業など幅広い事業の展開をしている。なかでも全国に展開するミスタードーナツは、ダスキンのフード事業の主力となっている。同事業は、1970年に米ミスタードーナツからフランチャイズ権を取得し、1984年には日本での営業権も獲得し、今日に至っている（地域ごとで委託運営）。

◆ミズノ

　運動用服や野球用具をその原点として、1906年に創業したミズノは、

MARKETING EYE

いまや世界的なスポーツメーカーになっている。野球をはじめ、あらゆるスポーツの用品を取り扱っているが、その他にも、ミズノの持つカーボン技術を活かして、水素自動車の水素タンク、ETCのバー、Gショックのバンドなどにも応用している。また、競技ユニフォームから反転して、作業服（サカイや佐川急便など）なども制作している。

◆キユーピー

キユーピーは、主力のマヨネーズ、ドレッシングを中心に、家庭用商品を展開しているが、業務用商品（スノーマン・とろっとたまごシリーズなど）、病院・施設用商品（病院食など）、ファインケミカル（化粧品、医薬品）、フルーツソリューション（アヲハタ）の事業も展開している。

◆味の素

味の素は、1909年にうま味調味料『味の素』を発売以降、食品事業では、調味料、スープ、マヨネーズ、冷凍食品、コーヒー、乳製品などその事業領域を拡大させている。また、食品分野以外でも、アミノ酸をコアに「食」「バイオ・ファイン」「医薬・健康」「農業」の分野を成長させている。特にグループ企業のEAファーマは、大腸炎治療薬『レクタブル』や慢性便秘症治療薬『モビコール』など消化器系の領域でその力を発揮している。

◆ヤクルト

ヤクルトは、化粧品や医薬品にも事業展開している。化粧品事業では乳酸菌発酵技術を活かしたスキンケア、ヘアケア、ボディケア、メイクアップ商品など様々な商品を展開している。また、医薬品事業では乳酸菌・バイオ技術を活かし、抗がん薬や整腸薬なども開発している。

The 19th hole ③
言葉の由来あれこれⅡ

　これまで何気なく使ってきた言葉の起源を知ると、その由来に大変驚くことが多い。そこで、ここでは経済に関連した用語を中心にして、その言葉の由来をみていきたい。

❶**フリーマーケット**：フリーマーケットを英語で綴ると「free market」と思っている人が実に多いが、意味を考えればそれが間違いだとすぐに分かるはずである。フリーマーケットとは、蚤の市という意味で、もともと古着が多く売られていたパリの路上市場を冗談でそう呼んだところに由来している。したがって、綴りは「flea(蚤) market」が正解となる。ちなみに、似たようなことで、スイート・ルームも「sweet」ではなく、正しくは「suite」(寝室や居間などがある一続きの部屋)なのでお間違いなく。

❷**ピンはね**：人の利益(うわまえ)をはねることの意。もともと利益のピン(1割)を搾取することに由来しているが、現在では1割以上はねても、利益を搾取する様を表す語として使われている。

❸**どんぶり勘定**：手元のお金を帳面にもつけずに出し入れする大まかな勘定の意。その語源は、職人などが腹掛けの前についたポケット(どんぶり)の中にお金を入れて支払いをしていたことに由来する。漢字で書くと丼勘定となるが、いわゆる食器の丼ではなく、腹掛けの前についた袋(丼)に由来していることは意外に知られていない。

❹**バイト**：アルバイト(Arbeit)の略語で、「仕事」の意。もちろんドイツでも同様の意だが、もともと「労苦」を意味し、自分の意志とは関係なく労働する「robot」の語源でもある。

❺**ロジスティックス**：物流(拠点)の意。もともと軍事上の橋頭堡の意味から派生し、物流戦略の総称として使われている。ちなみにインターネットも軍事上の用語から派生した用語である。

❻**ワリカン**：各人が平等に金銭を出し合って勘定を払うことの意。普段よく使われる、このワリカン(割勘)の語源は、割前勘定の略語からきている。

19 ペット市場及びペットフード市場の動向

◆**ペット市場の動向**

　日本においては、2023年時点で約1,600万頭の犬や猫が約1,000万世帯の家庭で飼育されており（2014年から猫が犬を上回る飼育数となっている）、その他のペットを含めれば、相当な種類・数・世帯に及ぶと推定される（『2023年度全国犬猫飼育実態調査』ペットフード協会）。また、矢野経済研究所によれば、ペット業界全体の市場規模は1.9兆円を超えるものと推定されており、2012年をピークにペットの飼育数自体は減少傾向にあるものの、市場全体の規模は大きくなっていると考えられる。とりわけ、ペット市場の中で大きな割合をもつペットフード市場は国内外から魅力的な市場に映っているようだ。

　ペット市場は以前からペットフードなどを中心に形成されてきたが、ここ最近の動向は様々な方向に拡張する傾向にある。その背景としては、少子化の影響でペットを子ども同然に扱う家庭が多くなっていること、心の癒しや暮らしのパートナー役として飼われるようになったことなど、家庭の様々な事情の中でペットが重要なポジションを担うようになってきた点があげられる。そうした状況下、ペット市場においては様々なビジネスが展開されている。

　たとえば、タカラトミーとインデックスによって共同開発された犬語翻訳機『バウリンガル』（犬の吠え方を検知することでその感情を翻訳・電子表示する商品）はその典型例である。同商品は、2003年度にはアメリカや韓国でも発売され、さらには『ミャウリンガル』（猫語翻訳機）を発売するまでに至った。

　河合楽器はこれまで楽器に関わる騒音問題の解決のために研究してきた防音効果の技術を、ペット産業に活用している。同社の考案商品は、その名も防音犬小屋『ワンだぁルーム』で、防音機能を有した室内用愛

MARKETING EYE

犬ハウスである。

　ユニチャームはペットフードをはじめ、既に1986年からペット市場に参入しているが、その取り組みを強化している。とりわけ、ペットフードでは『愛犬元気』『銀のさら』『ねこ元気』『銀のスプーン』『AllWell』など、ペットごとに要求される栄養バランスを追求した商品を提供している。また、トイレタリー用品では、犬用排泄シート『デオシート』、猫用紙砂『デオサンド』、ペット用おむつ、ペット用ウェットティッシュなど独自技術を活かしたペットケアビジネスに力を注いでいる。

　また、ペットコンサルタントの西武ペットケア（旧アドホック）は、2019年ペットケアマンション事業から撤退したが（『フットシャワー』『うんちダスト』『ドッグラン』などを提案）、近年では、ペットスパ事業（ペットケアサロンやマンションへのデリバリースパの事業）を展開している。

　さらには、メニコンは子会社メニワンを設立し、犬・猫用の治療用コンタクトレンズやサプリメント「Duo One」を発売している。とりわけ、治療用コンタクトレンズは人間と同じ素材を使って開発されているが、人間とは違って視力を矯正するものではなく、白内障や角膜障害のための治療用商品である。その他にもペット保険（たとえば、アニコム損害保険など）、美容・手入れ、冠婚葬祭、散歩代行、遺伝子保存、しつけ・訓練、保険など、ペット市場の拡張の勢いは増すばかりである。

◆ペットフード市場の動向

　ペット市場規模は成長傾向にあり、中でもペットフード市場は安定しているが、実際には競争は激しい状態にある。興味深いことに、この市場には国内系メーカーあるいは外資系メーカーがひしめき合い、スーパーマーケットや専門店でのペットフードの棚スペースは一昔前に比べ

MARKETING EYE

て大幅に拡張している。

　その大きな理由として、犬や猫の餌全体に占めるペットフードの割合はアメリカに比べて日本の方がはるかに低い点があげられる。一説によるとアメリカの場合、餌全体に占めるペットフードの割合は80％程度、一方日本の場合60％程度と言われている。これを裏付けるため、2010〜2025年に約3,000名を対象とした独自のアンケート調査（名古屋地区及び東京地区における犬・猫ペットを飼っている家庭対象：回答者は主に学生）を行ったところ、餌全体に占めるペットフードの割合は約65％という結果となった。つまり、アメリカに比べて日本市場は依然として消費潜在性が高いと推定でき、それゆえ国内外のペットフードメーカーは、再編も繰り返しながら（花王ペットは撤退、アイムスはマースに買収）、日本市場獲得を目指して熾烈な競争を展開していると考えられる。

　1970年前後から日本市場に進出し、当該市場を牛耳っている外資系メーカーには、『ペディグリーチャム』『カルカン』『シーバ』『アイムス』などの主力商品を擁するマース（2014年P&Gからアイムスを買収）、獣医やブリーダーに強い支持者をもつ日本ヒルズ・コルゲート、『フリスキー』『モンプチ』を擁するネスレピュリナペットケアなどがある。また、国内メーカーとしては、ユニチャームペットケア、アイシア（旧マルハ）、ペットライン、森乳サンワールド、日本ペットフード、ドギーマンハヤシ、マルカンなどがあり、主に健康志向及び高級化による戦略で外資系を追随している。

MARKETING EYE

≪主なペットフードメーカー≫

メーカー	概要
マース(外資系)	マースインコーポレイテッド社傘下企業で、日本に1969年に進出。ペディグリー、カルカン、シーバ、アイムス、クレイプなど。2014年にアイムスを買収。動物病院の買収など獣医療を拡充。
日本ヒルズ・コルゲート(外資系)	世界的に最も古株の企業(1948年創業)。サイエンス・ダイエットを擁し、獣医やブリーダーなどの支持層が厚い。
ネスレピュリナペットケア(外資系)	1985年ネスレ傘下、2002年フリスキー社から社名変更。モンプチ、ピュリナワンなどのブランドが有名。保護猫カフェを運営。
ユニチャームペットケア	1986年設立。愛犬元気、ねこ元気、銀のさら、銀のスプーン、AllWellなどを販売。ペットケア用品でも屈指の企業。
アイシア(旧マルハ)	1990年設立。黒缶、金缶、Miaw Miawなど猫向け主流。
ペットライン(日清ペットフード吸収)	日清ペットフードを獲得。猫向けのCarat、懐石、犬向けのJPスタイル、プッチーヌなどのペットフードを持つ。
森乳サンワールド	1971年創業で、スーパーゴールドが主力。粉ミルク、サプリメント、おやつなどの商品も充実。
日本ペットフード	1963年創業で、商品には、ビタワン、ミオ、コンボなどがある。
ドギーマンハヤシ	1963年創業。紗シリーズ、ヘルシージャーキーが有名。ペットグッズが充実。
マルカン(サンライズを吸収)	2010年サンライズを吸収。商品にはグレインフリー、ほねっこ、ササミジャーキーなどがある。

第2章 消費トレンドエリア

マンガ市場にみる一考察

　手塚治虫、藤子不二雄などの巨匠が支えたマンガ市場は、1980年代にさらなる大きな成長を遂げる。1980年代当時、週刊マンガ雑誌の部数トップを独走していたのが『週刊少年ジャンプ』（集英社）であった。当時、圧倒的な強さを誇った同雑誌の主力作品には、「ドラゴンボール」「キン肉マン」「リングにかけろ」「北斗の拳」「キャプテン翼」などがあり、まさにマンガ界における80年代黄金期を形成したといっても過言ではない。その後、1990年代に入ると「金田一少年の事件簿」「GTO」などを擁する『週刊少年マガジン』（講談社）や、「H2」「犬夜叉」「名探偵コナン」などを擁する『週刊少年サンデー』（小学館）などの猛烈な追撃を受けたものの、2000年代からは「ワンピース」「NARUTO」「鬼滅の刃」「呪術廻戦」「僕のヒーローアカデミア」などポスト黄金期世代の作家・作品を中心にして『週刊少年ジャンプ』が盛り返しをみせた。2025年現在では、『ヤングジャンプ』『スピリッツ』『モーニング』『漫画ゴラク』など、数十冊のマンガ雑誌が出されており、近年のマンガ業界はまさに群雄割拠の時代とも言えよう。翻って、電子コミック市場も活況を呈しており、2019年以降は電子媒体が紙媒体を上回り、時代はネットマンガにシフトしつつある。そうした状況下において、幾つかの興味深い点をみることができる。

　まず第1に、1980年代黄金期のマンガ販売部数・売上に比べて大幅に減少しているにもかかわらず（コンビニの雑誌コーナーも減少）、雑誌数は1980年代に比べて増加している点である。これはマンガ世代の広がりに伴う顧客ニーズの多様化への対応と同時に、新たな優れた作家・作品の発掘という側面から生じている現象としてとらえられる。

　第2に、特に2000年以降の作品に二世キャラクターが多く輩出されている点である。たとえば、「キン肉マンⅡ世」は『週刊少年ジャンプ』

MARKETING EYE

を発刊している集英社の『週刊プレイボーイ』に、「リングにかけろⅡ」や「曉！男塾」は同じく集英社の『スーパージャンプ』に、「銀牙伝説ウィード」は日本文芸社の『漫画ゴラク』に、それぞれ連載された。各作品とも、かつての1980年代黄金期を支えた作品（キャラクター）の息子・孫世代が活躍するという筋書きである（「銀河伝説ウィード」は「銀牙伝説ウィードオリオン」「ノア」「レクイエム」として第4世代にまで進んでいる）。これは、新たな顧客層を獲得するだけでなく、1980年代当時、そうしたキャラクターに魅せられた現在40代〜50代の顧客をいま一度、マンガ市場に引き込もうとする戦略である。その証拠に、二世・三世キャラクター作品のほとんどがワンランク大人向きの雑誌に掲載されるという戦略がとられている。こうした傾向は、マンガ界全体のクリエイティビティの行き詰まりを表すのと同時に、その中で内容構成がしっかりしており、すでに人気の確立されたバックグラウンドをもつ二世・三世作品に頼らざるを得ない実情が見え隠れしている。

　第3に、「島耕作」「ドカベン」「キャプテン翼」「MAJOR」など、キャラクターが徐々に成長していく様を長期間にわたって描いた作品も幾つかみられる点である。特に、「島耕作」シリーズでは、1980年代から課長、部長、取締役、社長、会長、相談役、社外取締役と、サラリーマンの成長過程とその人間模様が描かれており（課長に至るまでの若き島耕作を描いた作品も『イブニング』に掲載）、舞台となる電器メーカーの機微が分かることから、筆者も大ファンの一人である。

　第4は、集英社、講談社、小学館などから発売されるマンガ雑誌とは別に、いわゆる仲間内や個人で自費出版される「同人誌」が相当に大きなマーケットを形成するようになっている点である。年末には東京ビッグサイトで大掛かりな同人誌即売会が開催され、キャラクターになり

MARKETING EYE

きった作家とその支援者が闊歩する姿は、明らかに従前のマンガ市場からの変化を物語っている。こうした潮流は、書店にも波及しており、書店内に同人誌コーナーが設置されるなど広がりをみせている。

　第5は、時代とともにキャラクターの質や作品内容（作風）が変化している点である。たとえば、教師像をとってみても誠実かつ熱血漢の昔のイメージから、「GTO」や「二月の勝者」のように、かなり型破りかつクール（だけど内面は熱い）な教師像が現代のモードになっている。作風も1980年代はファンタジー、スポーツ、恋愛物が主流を占めていたが、現在ではそうしたものに加えて、超ファンタジー、ビジネス、歴史物、小さな私生活に至る様々なジャンルに広がっている。「キングダム」「鬼滅の刃」「進撃の巨人」「推しの子」「葬送のフリーレン」などはこうしたジャンルの拡がりによって生み出された作品である。

　第6は、近年、漫画作品が実写版として映画化やドラマ化されていることである。漫画だけでなく文学作品もそのような傾向にあるが、たとえば「デスノート」「カイジ」「ライアーゲーム」「GANTZ」「テルマエ・ロマエ」「るろうに剣心」「キングダム」「東京リベンジャーズ」など、漫画から映画・ドラマ化されたケースは非常に多い。

　第7は、マンガの販売方法に変化が表れている点である。たとえば、「鬼滅の刃」では雑誌に最終話の原画の複製を応募できる応募券を付けて売上をのばし、さらには単行本の初回販売時にはキャラクターグッズを付けて販売するなど、マーケティング戦略を駆使している。

　第8は、マンガが舞台となった場所への聖地巡礼が国内外のファンによってなされることである。たとえば、「五等分の花嫁」の愛知県・太田川や「スラムダンク」の舞台となる江ノ電・鎌倉高校前は、国内外のファンが集う聖地となっている。また、岐阜県は、「聲の形」（大垣市）、

MARKETING EYE

「君の名は。」(飛騨市・高山市)、「氷菓」(高山市／米澤穂信の古典部シリーズ)、「ルドルフとイッパイアッテナ」(岐阜市)のアニメ聖地を束ねて観光客の獲得に活かしている。

　第9は、マンガがアニメやゲームと結びつき、キャラクタービジネスに発展する動きが強まっており、日本のアニメやマンガが、欧米を中心に世界各国に進出しつつある点である。近年では、「ポケモン」「アンパンマン」「名探偵コナン」「妖怪ウォッチ」など多くのアニメやマンガが世界に進出しており、各国の書店のマンガコーナーでは、日本の作品がひしめき合って並んでいる。実際に幾つかの国で目にしたが、少し不思議な雰囲気さえ感じる。近年では宮崎駿作品をはじめ日本のアニメが世界で評価され、日本のマンガやアニメを実写版化した映画作品がハリウッドでも制作されるなど、確実に世界に広がっている。

　第10は、電子コミック市場(ネットマンガ市場)の活況である。出版科学研究所によれば、2023年の日本のマンガ販売額(紙媒体及び電子媒体の合計)はおよそ6,940億円で、そのうち約7割が電子コミック市場である。2019年度から電子媒体が紙媒体を逆転しており、それ以降、その差は広がっている。「ピッコマ」「LINEマンガ」「コミックシーモア」「マガポケ」などのアプリから、既存のマンガコンテンツだけでなく、ネットマンガオリジナルの作品も閲覧することができる。電子コミック市場は、今後もますます活況を呈すると考えられる。

　このように、近年、日本における電子コミック市場を含めたマンガ市場を巡る動きや評価は世界を巻き込んでの大きなストームを引き起こしている。このことは、とりもなおさず日本のアニメやマンガがエンターテインメントとしての領域を確立しつつあることの証左であり、今後注目すべき市場であることを物語っている。

深夜ビジネスと早朝ビジネス

　近年、時間概念を越えたビジネスが注目されている。ここでは、特に深夜及び早朝市場に焦点を当て、そのビジネスの現状を論じる。

◆深夜ビジネス

　深夜市場にスポットを当てたビジネスには、レストラン、クラブ、バー、居酒屋、運送業など実に多くのものがある。これらに加えてコンビニやスーパーをはじめ（現場からは逆に時短営業の要請も高まっているが）、宅配ピザ、花屋、飲食店、映画館、ATM、代行タクシー、深夜バスなど、深夜を市場としてとらえたビジネスは拡がっている。

　深夜ビジネスに関わって興味深い現象がある。それは、特に都心では深夜に活動する夜型人間が増加し、深夜電力量も増加しているという点である。換言すれば、夜型人間の増加によりコンビニや深夜営業店も増加し、深夜テレビの視聴率が上昇し（深夜からゴールデン進出番組も多い）、そしてインターネットの深夜利用が増加することで、それに伴う深夜電力量が増加したという構図である。また大規模集積マンションは深夜電力を逐電し、日中の電力に充てるなどの工夫も行っている。

　世界的にみれば、ソウルの東大門（衣料集積モール）、バンコクや台北の夜店など多くの都市で深夜市場が大きな観光資源にもなっており、おそらく日本においても、こうした深夜市場に当て込んだビジネスは、今後、大きく拡張していくと考えられる。

　しかしながら、深夜ビジネスの展開においては、①深夜における地域住民とのトラブルへの配慮、②光熱費、安全対策費などの追加コスト負担と売上状況の吟味、③接客対応の標準化、④顧客ニーズの再調査、⑤深夜に合致した商品の品揃えと店舗展開、⑥現場からの時短営業の要請など検討課題も多いことを十分に理解しておく必要があろう。

MARKETING EYE

◆早朝ビジネス

　早朝市場にスポットを当てたビジネスには、卸売市場、喫茶店、新聞店、牛乳店など実に多くのものがある。これらに加え、ホームセンター、スーパーマーケット、銭湯、ファーストフード、スポーツジム、バス・電車・航空などの交通機関などの領域で、早朝を狙ったビジネスが成功している。たとえば、都市郊外型のホームセンターでは早朝からの開店の店が多くなり、園芸・ガーデニング用品を中心に朝型の顧客に対しての売上を伸ばしている。また、都市型スーパーでは早朝から開店し、通勤・通学客を獲得した後、朝9時から、昼食の惣菜、朝入荷した野菜・果物、生花など販売において周辺住民の中高年女性の取り込みに成功している（夕方の再来店も狙う）。さらに、都市圏の銭湯では早朝から開店するところも出てきており、出勤前のサラリーマンや高齢者を中心にして集客を得ている。また、日帰り出張の影響もあって、LCCなど早朝便も多用されるようになり、郊外からの早朝空港直行便バスの利用度も高まっている。その他、高級ホテルを中心に朝食会議（取引先との会食、取締役会など）の開催や、旅行客やビジネスパーソンを中心にした朝食バイキングのニーズも高い。

　「早起きは三文の得」の格言通り、朝を有効に活用することでその日一日を有意義なものとしたいとする顧客ニーズは高い。このことは「朝は商売には向いていない」という小売サービスの概念を大きく変える契機となろう。それゆえ、商売人の心得としては深夜市場のビジネスも含め、今後は時間の概念が多様化し、時間のボーダレス化が進んでいることを常に認識しておく必要があろう。

気象情報ビジネス

◆気象情報の自由化

　もともと気象情報は気象庁が配信するだけの情報に過ぎず、民間事業者による気象予報提供サービスは、1952年の気象業務法施行により港湾作業などの特定事業者向けに限定されてきた。この状況が一変したのは、1989年の日米構造協議による規制緩和の動きに端を発して1993年に気象業務法が改正され、民間事業者が企業や一般顧客に対して独自の気象情報を提供できるようになったことによる。これが「天気予報の自由化」であり、そこから気象情報ビジネスが発展してきた。1994年には気象予報士の国家試験が実施され、これによって気象予報士のいる民間事業者は市町村レベルの独自の気象情報の提供が可能になった。その後、2000年には市町村レベルの枠を越えた独自の天気予報なども自由化され、2001年からは1カ月以上の長期予報も解禁されている。また、気象庁は2010年に桜の開花予想を終了し、開花予想などの気象の応用情報の業務は民間事業者が行うに至っている。こうした国内の気象情報市場には多くの民間事業者が参入しており、気象に関わる周辺機器やサービスを含めれば、売上は数千億円規模と考えられる。

≪主な気象情報提供サービスの動向及び変遷≫

1952年	気象業務法施行により、民間の気象予報は港湾作業等の特定事業者に限定
1993年	気象業務法改正を受け、民間が企業や個人に対して気象情報を提供できる「天気予報の自由化」が成立
1994年	気象予報士の国家試験が実施 民間会社による市町村レベルの気象情報の提供
2000年以降	市町村レベルの枠を越えた独自の天気予報なども自由化 1カ月以上の長期予報も解禁

MARKETING EYE

◆気象情報ビジネスの展望

　1993年以降、気象情報ビジネスは順調に成長したが、新規参入による価格競争激化で市場は頭打ちの状況になっている。各企業は独自の能力で武装化し、より一層の差別化を進めている。とりわけ、業界最大手のウェザーニューズ（2025年現在、世界21カ国30拠点に展開）は、気象業務法改正前の1970年代からすでに気象情報が魅力ある商品だと認識し、必ずビジネスになるとの先見性をもって、来るべきビジネスの潮流に備えていた。1986年設立当初、ウェザーニューズが力を入れたのは、気象情報はもとより、地域・イベント・企業情報であった。しかし、気象情報の提供だけでは差別化は図れないと考え、これらの情報を独自で収集し、気象情報と掛け合わせることで意味のある情報に加工したのである。たとえば、ある地域で〇月〇日に運動会があり、その日が晴れであればその地域のコンビニやスーパーは運動会のお弁当関連の商品（米、卵、ソーセージ、海苔、梅干、お茶、菓子など）の品揃えが必要となり、同社はこうした加工情報をコンビニやスーパーに販売する機会を得ることになる。

　現在、ウェザーニューズ社は、様々な領域（航空、航海、洋上、輸送、防災、イベント、建設、流通、農業、スポーツなど）における気象ビジネスを手掛け、とりわけ、航空会社、鉄道会社、海運会社、流通業者（コンビニ、スーパー）などの多くの企業と契約し、気象情報を基にしたマーケティング戦略の構築に貢献している。たとえば、流通業に対しては自身の独自情報（気象情報、体感指数、地域・イベント・企業情報など）とPOSデータとを連動させて戦略的な品揃えに貢献しているし、世界シェア約30％とも言われる海運業（年間全世界約1万隻）や航空業（13,000便／日）に対しては、最小燃費航路情報（気象情報を基に航空

MARKETING EYE

機や船舶の最適速度、エンジン回転数、最適航路などを提案)や北極海航路情報の提供で売上を伸ばしている。ウェザーニューズが提案する省エネ重視の航路・航行速度をとれば、1航行あたり50万〜200万円程度の燃料代を節約できるという。一方で、国内の正確かつ迅速なピンポイント気象関連情報の確立のため、全国にウェザーニューズ会員から、どこよりも早く正確な気象関連情報を獲得し、リアルタイムに情報を配信可能なシステムを構築している。その他にもインフラ系(鉄道、道路、通信)、流通、スポーツ、イベント、生活、農業など様々な領域に気象ビジネスを応用し、世界企業として確固たる地位を築いている。

また、伊藤忠テクノソリューションズ・CTC(1979年設立)は、事業のひとつとして気象情報ビジネス(WEATHER EYE)にも力を注いでおり、独自のコンピュータ解析技術によって最小500メートル四方にまで予報情報を確定できる精度の高い局地予報を提供している。現在では、「風」という気象情報を中心にして、高解像度の風況マップを作成し、防災をはじめ、風力発電所の立地選定や発電量の推定など、領域を特化した戦略を展開している。

その他、ウェザーマップ(1992年設立)はマスコミにおける気象予報の解説(タレント気象予報士の派遣)と一般的な気象コンサルタントに力を注いでおり、気象サービス(2007年設立)は気象情報の配信を通じて生活・産業をサポートするサービスの提供と加工情報を使うまでの仕組み(モバイル配信、情報加工など)を提供するサービスを展開している。ライフビジネスウェザー(1998年設立)は建設業者向けに狭い範囲の降水量や落雷、高所作業用のための風速を短間隔で予想し配信するサービスを展開している。さらに、フランクリン・ジャパン(1991年設立)は「雷」に特化して、都心はもとより半導体工場やゴルフ場などへの配信

MARKETING EYE

によって他の企業との差別化を図るなど、それぞれ独自の強みでその活路を見出そうとしている。また、気象業界にあって老舗の国土環境は事業の軸足を気象調査から環境調査へシフトしてきたが、日本建設コンサルタントと合併、社名を「いであ」(2006年設立)として、気象・環境・建設を含めた総合コンサルタント会社へとシフトしている。

当業界の動向は総合情報提供型と専門志向型に分化し、今後、業界内外での戦略的提携を視野に入れた、変革の時期を迎えている。

企業(組織)名	近年の動向
ウェザーニューズ	世界展開と同時に、個々の顧客の総合問題解決への提案 国内ではピンポイント気象情報に傾注
伊藤忠テクノソリューションズ(CTC)	独自のコンピュータ解析技術により局地予報精度を向上 風に特化して風力発電にも寄与
ウェザーマップ	マスコミでの天気予報解説及び気象コンサルティング 気象予報士資格取得支援
ライフビジネスウェザー	建設業者向けに降水量、落雷、風速を短間隔で予想・配信 気象×健康、気象×流通など生活上のソリューション提供
気象サービス	個々に合わせ気象情報を活用するまでの仕組み(コンテンツ)を提供
フランクリン・ジャパン	都心はもとより、雷に特化した情報を半導体工場やゴルフ場などにもに配信
いであ	気象解説情報から環境調査への情報解析にシフト

ICT上におけるビジネスの展開

◆ICTの進展に伴うソーシャルコマース

　消費者の購買行動パターンは、店舗購買及び無店舗購買（キャッシュレス化対応店舗、無人型完結店舗などを含む）、ネット購買（楽天、Amazonなど）、C to Cと呼ばれる個人間売買（メルカリ、ヤフオクなど）、シェア購買（Airbnbなど）、SNSを活用した購買（Instagram、YouTube、TikTokなど）など実に多様化している。近年の新しいビジネスはICTとの関わりが深く、特にSNSを介した購買行動、いわゆるソーシャルコマースの躍進が著しい。ソーシャルコマースとは、特にSNSを利用して、様々な製品・サービスの販売促進から取引までを扱うビジネスモデルである。たとえば、Instagramはお気に入りの商品・サービス、人気スポット、ファッション、スイーツなど、様々なシーンでの「映える（ばえる）」写真をInstagram（写真共有SNS）に次々に掲載していく、いわゆるInstagramerによって販売促進を狙う手法である（類似したものにYouTuberなどもある）。Instagramerとは、フォロワー数や閲覧数が多く、他の人に強い影響力を持つインフルエンサーで、有名人だけでなく一般人にも多いのが特徴といえる。トップのInstagramerやYouTuberは数万人のフォロワーを抱え、多くの人の購買行動や消費行動に影響を与えるため、企業の商品やブランドの広告塔の役割として活用される場合もある。これらの流れは、高度情報化の延長線上にあり、マーケティング戦略の主流として注目を集めている。

◆マッチングビジネス

　就業のあり方も一昔前と比べて大きく様変わりしているが、なかでもマッチングビジネスは新たな就業のあり方を創出している。たとえば、「クラウドワークス」は、HPやロゴの作成、チラシデザイン、翻訳、データ整理など急ぎの業務や人手不足の補完を必要とする企業と、専門

MARKETING EYE

的なスキルや技能を持った人とをオンライン上でマッチングさせることで成長している。在宅でできる仕事が多いため求職者のニーズにも合っており、仕事のマッチングにより報酬の約20％を受け取っている。その他にもアプリで注文した飲食店の料理の宅配サービスを展開する「Uber Eats」、割高の料金を払い人気飲食店を予約できる「Table Check」、世界中において空き部屋を貸し借りするサービスを展開する「Airbnb」、家庭料理を提供したい人とそうした料理を楽しみたい人とをマッチングさせる「ミールシェアリング」、大規模オフィスビル内で各社の企画弁当を販売する事業を展開する「シャショクル」（スターフェスティバル）、ギグエコノミー（インターネット経由で単発・短期の仕事を請け負う働き方）を展開する「タスクラビット」「タイミー」、非接触・即時決済を求める消費者に無人決済・セルフレジを提供する「TOUCH TO GO」、AIを使った落しものを探すビジネス「find」など、全てWebサイトを通じてのマッチングビジネスとして成長している。

◆クラウドファンディング

　クラウドファンディングとは、不特定多数の人がインターネット経由で他の人々や組織に資金の提供や協力を募ることを指す、大衆（crowd）と資金調達（funding）を組み合わせた造語である。アメリカの仲介大手「IndieGoGo」（2008年）や「Kickstarter」（2009年）がサービスを始めたところに端を発する。仕組みとしては、個人や中小企業が仲介会社のサイト上で自らの事業を紹介し、さらには目標調達額と投資額に応じて得られる見返りを明示し、それに興味を持った個人が少額で投資するのがおよその流れとなる。企業は目標額が達成できれば資金を得られ、仲介者は調達額から手数料（5〜10％）を受け取ることになる。日本では「READYFOR」「CAMPFIRE」「ミュージックセキュリティーズ」

MARKETING EYE

などが先駆的であるが、「被災地応援ファンド」をはじめ、その種類や形態は多岐にわたっており、今後ビジネスや社会問題の解決の手段としても、その市場規模はさらに拡大していくものと考えられる。

◆隙間地出店

　短時間かつ安価なヘアカット専門店「QBハウス」は駅構内や商業施設のトイレ前の場所を活用して成功している。トイレ前の場所は安く借りられるだけでなく、身だしなみを整える際の絶好の場になったようである。また、各コンビニ会社は、病院、大学、警察、遊園地、マンションの共用広場など、これまで空白地帯だった立地に出店攻勢を強めている。さらに、「フィル・カンパニー」は都心の駐車場の空中スペースを利用して簡易店舗を駐車場の上に積み上げ、それを美容院や飲食店に貸し出す空中活用ビジネスを展開している。また「軒先.com」は、自宅の駐車場、軒先、階段下スペース、売出し中の土地など現在活用されていない場所を1日単位・時間単位で貸し出すサービスを展開している。同様に「akippa」「Times」「三井のリパーク」も事前予約で、空いている月極めや個人の駐車場を一時利用できるウェブサービスを展開している。

◆情報サービス提供サイト

　情報サービスの提供で多くのユーザーを獲得するサイトが活発化している。たとえば、カカクコムグループは「価格.com」や「食べログ」などのサイトを通じてユーザーに比較選択しやすいような情報サービスの提供している（ユーザーが「価格.com」内のバナー広告をワンクリックすると、「価格.com」は広告主から数円程度を獲得する仕組みを構築）。また、「クックパッド」は、レシピコンテストや「たべみる」などのユーザー参加・構築型の仕掛けづくり（できるだけ有料に導く）が、利用者（ユーザー及び企業）に支持されている。レシピコンテストでは、たとえば、

「クリープ」に関わるレシピを募り(森永乳業がコンテスト費用を負担)、ユーザーに新しいメニューの開発をしてもらうのと同時に、そのレシピを閲覧するユーザーへのクリープ販売の機会を生み出している(コンテスト後、クリープの売上が30％増)。「たべみる」では、会員企業が「いつ、どこで、何が、どれだけ」売れているかを把握でき、さらにはユーザーの検索ワードの組み合わせで関連商品(調味料など)の売れる場所や時期を予測できるようなシステムが構築されている。

◆宿泊予約サイト

日立造船の子会社が運営していた「旅の窓口」は、当初数名の社員で設立した宿泊予約サイトの草分け的な存在だったが、2003年に楽天が約300億円で買収し、その後「楽天トラベル」として成長を続けている。累計会員数は1億人を超え、利用数は年間延べ約4,000万軒となり、国内年間取扱額も約6,000億円である(ホテルから徴収するシステム手数料は5～9％とされる)。近年では、一休.com、Yahoo!トラベル、Expedia、Agodaなど同様の宿泊予約サイトが増えて競争は激しくなっている。

◆その他

「Tenchijin」は、JAXAから出資を受け、天地人コンパスを活用したビジネス展開をしている。具体的には、人工衛星からのビッグデータを活かして、リスク予測したり、気候変動の影響をシミュレーションしたり、ビジネスに適した場所の探索をするなどしている。たとえば、水道管の破損リスクを把握し、効率的にピンポイントで修繕・補修を行ったり、地表面温度、降水量、日射量などからコメなどの農産物の最適な場所を探索し、維持管理などのアドバイスなども行っている。

その他にも、ステーションオフィス(JR東日本)や料理動画を提供

MARKETING EYE

する「DELISH KICHEN」などの分刻みビジネス、「エアクローゼット」「ラクサス」などのオンラインファッションレンタルサービス、既存店を活用した荷物預かりサービスの「エクボクローク」、音楽・動画配信など定額料金を支払うことで一定期間のサービスが受けられることを保証するサブスクリプション、国民総株主を掲げ各種サービスを活用すると株を配る「カブアンドピース」など様々なビジネスが生まれている。

The 19th hole ④
埋もれている我を探れ！

　あなたは、友人などから「○○ちゃん、変わってるね」とか、「おまえ、それ絶対変だよ」というようなことを言われたことはありませんか。自分では全く普通のことなのに、人から指摘されて「こうも違うのか」と初めて知ることがあるはずです。筆者にも、いろいろ指摘された『変わっている（消費）行動』があります。たとえば、カップ麺のツユを飲むと「しゃっくり」が出ますし、歯磨き剤をつけて歯を磨くと必ず「ウッ」と気持ち悪くなったり、納豆はかき混ぜずに食べたりします。また、筆者の教えていた学生の中には、カレーやそばに納豆をかけて食べるとか、冷やし中華にマヨネーズをつけるとか、ラーメンはツユを全部飲んでから醤油などをたらして麺を食べるとか、太陽をみているとクシャミがでるとか、コーラなどの炭酸水を飲むと鎖骨が痛くなるとか、本当に様々な（消費）行動をとる人がいることが分かりました。

　しかしながら、こうした（消費）行動は本当に変わっていることなのでしょうか。筆者は少しも変わっているとは思いません。全てその人にとってみれば、それなりの合理性があったり、普通のことに過ぎないからです。むしろ、こうした一見「変わっている」と思われる中に、実はこれからヒットする商品が隠されているかもしれません。たとえば、冷やし中華にマヨネーズは名古屋あたりで、そばに納豆は札幌あたりではメジャーなもので、すでに全国区でスタンダードになりつつあり、ラーメンのツユを全て飲んでからアレンジして食べるなどは、良く見れば「油ソバ」の食べ方に似ているかも…。

[課題] そこで、今回は自分では普通だと思っているのに、他人から変わっていると指摘された自身の（消費）行動をあげ、自身の中にある「埋もれている我」を探ってみましょう。さらに、そうした行動にヒット商品の隠れた源泉がないかどうか、皆で議論をして、実現可能なものについては、製品化に向けてのプランニングを行ってみましょう。

＊小木紀親『マーケティング・ストラテジー』（中央経済社　2000年）180頁を加筆・修正

シニアビジネスとキッズビジネス

◆シニアビジネス

　熟年層や高齢者を狙ったシニア市場の規模と重要性は拡大している。シニア市場を重視する理由には、他の年齢層の市場に比べ、①その数が多い、②精神的・時間的なゆとりがある、③資金力・貯蓄力が高い、④体力・感覚的にも若く、学・遊意欲が高いため消費性向が高い、⑤あらゆる面で自己実現のための消費に貪欲である、⑥子どもや孫に対する消費も考えられる、⑦バリアフリーやユニバーサルデザインの社会的ニーズが高まっている、などがあげられる。こうしたことからシニアビジネスは拡張傾向にあるのと同時に、個々のシニアのニーズに対応する必要性も生まれている（ただし、シニアを同質ととらえるのは誤っている）。シニアビジネスの領域は、旅行、趣味、スポーツ、ファッション、メモリアル（祝賀、葬儀、墓、写真、ビデオ）、食関連（中食、健康食品、宅配）、住宅関連、社交（サロン、交際相談）、情報（パソコン、携帯電話）、医療・福祉・介護、その他（ペット、保険、孫対象商品）など広範である。とりわけ、豪華客船による世界一周旅行、鉄道模型や玩具などの復刻商品、熟年者用の公園遊具（日都産業）、シニア層を狙った百貨店（京王百貨店）、コミュニケーションロボット（ソニー、トヨタ、ソフトバンク）、高齢者とのコミュニケーションサービス（Age Well Japan）など多くのシニア商品・サービスが出現している。さらに、おやき村小川の庄（60歳以上採用、定年なし）、岡本鉄鋼（大型船舶のシリンダー製造）、いろどり（葉っぱビジネス）、高齢社（高齢者の派遣）など高齢者の活躍で成長した企業もある。

　また、一昔前まではシニア層をシニア扱いするビジネスは、たとえ需要があっても敬遠される傾向にあったが、近年では、JR東海『ジパング倶楽部』、JTB『50歳からの海外旅行』、ヤマハ『大人のための音楽入

MARKETING EYE

門講座』、富士フイルム『アスタリフト』などのように、「50歳・60歳からの~」という謳い文句によって年齢を明確に打ち出して成功を収めているビジネスが主流になっている。その背景には、消費者の年齢への意識(シニア層は年齢表示を「上質」の証しとみなしている)が変化してきたことを表している。消費の行方を左右する新感覚のシニア層(50代~60代)の隠れた消費力にいかにアプローチするか。よりキメの細かい配慮と高いサービスの付加が、今後、各企業に求められる。

◆キッズビジネス

　少子化が叫ばれるなか、実際に子ども一人当たりにかける金額は堅調である。近年では一人の子どもに対して、親のサイフだけではなく(2ポケット)、祖父母を含めた6ポケット、叔父叔母を含めた10ポケットがあるとされる。そうしたキッズビジネスの領域は、教育・教養(塾、習い事)、ゲーム・玩具、娯楽施設(遊園地、動物園)、メモリアル(写真館、レンタル衣装)、ファッション(子ども服、アクセサリー)、食関連、その他(ペット、保険)など広範囲にわたる。

　なかでも、キッザニアの展開は興味深い。キッザニアは、子どもたちが好きな仕事に挑戦し、専用通貨を稼ぎながら仕事の楽しさを学ぶテーマパークである。キッザニアの成功要因は、①子どもが夢中になれる(子ども扱いしない、お金を稼ぐ、道具・看板・制服など本物にこだわる)、②親も夢中になれる(子どもにコミット)、③企業が夢中になれる(将来の人材への投資、宣伝広告)、④リピーターを呼べる(稼いだ専用通貨を貯金・利用、仕事カード収集)、などがあげられる。

　上記でみてきたように、少子高齢化を憂慮するのではなく、少子高齢化だからこそビジネスチャンスがあるととらえることが肝要である。

25 スポーツ・マーケティング

◆**スポーツ・マーケティングの領域**

スポーツ・マーケティングの領域は次のようなものがある。①野球やサッカーなどクラブチームに関わる全てのマネジメント、②契約条件交渉、肖像権管理、補償などの選手に関わる代理業務、③冠スポーツイベントの開催及びその代理業務、④TVなどの放映権管理、⑤関連グッズ、書籍・雑誌などのライセンス商品の販売、⑥情報解析・分析などによる業務、⑦スポーツ用品の販売、⑧スポーツを通じての地域振興活動や災害対策など、実にその幅は広い。

◆**スポーツ・マーケティングの展開**

近年では、特にクラブチームの所有企業や各種スポーツのスポンサー企業などによるマーケティング活動が随所にみられる。たとえば、プロ野球では、球団の親会社以外の企業広告を解禁し広告収入を得たり（Jリーグではほとんどのチームが採用）、球場フェンスの広告収入や商標権管理に力を入れていたり、女性ファンの獲得のためにプロモーションを仕掛けたり（広島であればカープ女子、オリックスであればオリ姫など）、スタジアムの命名権（ネーミングライツ）を販売したり、球場自体をアミューズメントパーク化したりと実に様々なマーケティング戦略をみることができる。とりわけ、日本のプロ野球球団の中でも、広島カープ、DeNA、中日ドラゴンズの顧客獲得の成功は特筆すべきものがある。

また、MLBやNPBでは、対戦相手や日時によって入場料金を変えたり（ダイナミックプライシングの導入）、各球団が集客増のために非売品の首振り人形や限定ユニフォームなどのグッズをプレゼントするなどのプロモーションデーを頻繁に行っている（米大リーグ球団の特徴として相当数の球団がマーケティング部門を有している）。

翻って、近年、日本のスポーツ選手の海外での活躍やJOCによる選手

MARKETING EYE

の肖像権の取扱いが一括管理から選手各々の個別管理に切り替わるなど、日本のスター選手を巡るマネジメントの状況が大きく変化する様相を呈している。実際に幾つかの企業は、すでにスポーツ選手のマネジメントを行っている。

◆**スポーツ・マネジメントの課題**

　大半のスポーツ団体は非常に苦しい経営を強いられている。たとえば、米メジャーリーグでも所属球団のうち黒字経営はわずかであるし、日本でも名門クラブチーム（女子バレーの日立、アイスホッケーの古河電工、野球のプリンスホテルなど）が休部・撤退に追い込まれている。

　スポーツ全般においてマネジメント志向が求められる今日では、国際レベルの交渉力と人脈をもったスポーツ専門家や、スポーツ全般に明るくマーケティング戦略に精通した経営センスのある経営専門家を早急に養成していく必要もある。さらに、マイナースポーツ競技（スポールブール、カバディ、スポーツクライミング、ヘディス、キンボール、ラート、Eスポーツなど）を早期に発掘し、振興に努める人材がいれば、新たな市場の確立を促すこともできよう。

　また、オリンピックなどを見ていると、スポーツ振興のための政府援助が世界的にみて脆弱であると同時に、現地入りの政府関係者の数が異常に多く、資金活用の再検討も必要とされる。主役は選手であり、それを支えるコーチや家族に資金や注目が集まる仕組みが待望される。

　いずれにせよ、今後は、プロ・アマ問わず、スポーツ全般へのマーケティングの導入・展開をはじめ、スポーツ団体の構造改革を進めつつも、国の明確なスポーツ政策（大会の支援、スポーツタウンの構築、スポーツ目的税の検討、税金面での優遇策、クラウドファンディング）を打ち出すなど総体的なスポーツ・マネジメントのあり方が求められる。

MARKETING EYE

第3章

ソーシャルマーケティングエリア

〜医療・福祉・地域・行政のマーケティング〜

進化するマネジメントとソーシャル・マーケティングの概念

◆進化するマネジメントの構図

　医療、福祉、行政、地域などにマネジメントの必要性が叫ばれ始めて久しい。次の概念図を鑑みれば、近年のマネジメントが様々な領域に拡張していることが分かる。たとえば、多くの民間企業は既に医療福祉ビジネスに進出し、病院や福祉施設では新たなサービス創出、顧客満足の達成、流通の近代化などが叫ばれるなど、あらゆる点でマーケティングの管理手法が不可欠となっている。また、様々な領域におけるベンチャー企業の創出にはマネジメントが不可欠であり、そしてNPOでもその組織運営のあり方や財務・会計の重要性が問われている。さらに、行政や地域が様々な企業と共同してビジネスへの動きを強めるなど、企業ばかりでなく、いわゆる非営利組織によるマネジメントの展開が今日的な動向としてみられる。こうした現状を鑑みれば、医療・福祉・行政・地域などと、企業経営の枠組みが重なる領域が生まれていることも、十分に理解できる。

≪　進化するマネジメントの概念図　≫

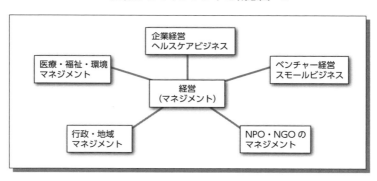

MARKETING EYE

◆ソーシャル・マーケティングの概念

　ソーシャル・マーケティングは、1960年前後からのマーケティング概念拡張論争のプロセスで生まれたものであり、企業のマーケティング活動だけではなく、社会的な要請に対応しようとする動きとしてとらえることができる。そうしたソーシャル・マーケティングは、主として4つに大別される。

　第1の流れは、コトラー（Kotler）のように、社会的アイディアの拡張及び非営利組織へのマーケティングの適用拡大である。とりわけ、企業のマーケティング活動の理論体系や様々な技法を、営利企業だけでなく学校、病院、行政などの非営利組織にも援用する流れである（非営利組織マーケティング）。バゴッジ（Bagozzi）も交換概念を背景に非営利組織への適用を容認している。

　第2の流れは、レイザー（Lazer）やケリー（Kelly）のように、4Pをコアとするマネジリアル・マーケティングに社会的視座が欠けているとして、社会的責任・社会貢献などの社会志向的視点を組み入れる流れである（社会志向マーケティング）。

　第3の流れは、ピーティー（Peattie）のように、1990年代前後から強調される、環境問題の解決とマーケティング活動との市場における調和・整合性を図る動きである（環境主義マーケティング）。

　第4の流れは、2000年代から活発化した、ソーシャル・ビジネスや地域活性化のマーケティング活動である。様々なアイテムを活用した地域活性化は、行政やソーシャル・ビジネスを巻き込んでの大きな流れとなっている。

企業の社会的責任

　CSR（Corporate Social Responsibility）に代表される企業の社会的責任及び社会貢献活動は、メセナ（企業の文化・芸術支援活動）やフィランソロピー（企業による社会貢献活動）などといった言葉が脚光を浴びた1990年代を経て、いまやマスメディアを賑わす企業の戦略的経営活動として認識されつつある。

◆日本における企業の社会的責任及び社会貢献活動の潮流

　江戸時代の商家家訓には現代のCSRに重なる点がある。つまり、元禄バブル経済崩壊の教訓から、商人らは従前の投機的で放漫な商活動を反省し、顧客満足を得る商活動こそが本来あるべき姿だとして家訓を改めたところに、それをみることができる。また、日本の社会貢献活動の近代化は、1985年のプラザ合意による円高以降、欧米諸国に進出した日本企業が欧米流の社会貢献活動に刺激を受け、実践・内生化したことによるとされる。さらに、1980年代以降、社会から強い要請を受ける一方で、バブル崩壊後の企業不信に対する企業倫理・企業責任への対応策や他企業との差別化のツールとしても、社会貢献活動が徐々に日本に根付いたとも考えられている。今日では、「あるべき」的な論調で語られる自然発生的な企業倫理や社会責任に対する論議よりも、企業にとって経営戦略上不可欠な活動のひとつとして「企業の社会的責任及び社会貢献活動」をとらえようとする流れになりつつある。

◆社会的責任投資（Socially Responsible Investment：SRI）

　投資を行う際に、従来の投資基準に加え、投資先企業の社会に対する責任や貢献を重視・評価して投資を行うことをいう。その投資基準としては、法令順守、環境保護、社会貢献活動、ボランティア活動などがあげられる。近年では本概念が拡張して、企業による社会貢献活動を戦略

MARKETING EYE

上の投資ととらえ、将来、当該企業に見返りがあることを強く期待する投資活動として「戦略的社会投資」なる概念も生まれている。具体的には、教育や人材育成への投資、研究開発への助成、社会貢献型あるいは環境型の非営利組織への投資などがそれにあたる。また一方で、社会貢献型の株主優待を導入する企業も増えてきている（サッポロの流氷保全、アサヒやキリンの森林保全、ロート製薬の盲導犬育成などへの寄付など）。

◆企業の社会的責任（Corporate Social Responsibility：CSR）

　企業が様々な活動を行う過程において利益を優先させるのではなく、ステークホルダー（消費者、取引先、地域社会、株主、従業員など）との関係を重視しながら、社会に対する責任や貢献に配慮して、長期にわたって企業が持続的に成長することを目指しての一連の活動をいう。企業にとってもこのような社会的責任を果たすことは、環境効率向上によるコスト削減、企業イメージの向上によるブランド価値の向上など様々なメリットがあるとされる。ただし、企業の社会的責任（CSR）の活動は様々な形があるのが現状である。

◆戦略的フィランソロピー（Strategic Philanthropy：SP）

　競合企業の社会貢献活動との差別化を図り、戦略的に活用していくことを企図した活動形態である。近年では、企業がフィランソロピーを戦略的に使用することが一般的になりつつあり、戦略的フィランソロピー概念から、さらに一歩進んだコーズリレイティッド・マーケティングの概念にシフトしている。

28 コーズリレイティッド・マーケティング

◆コーズリレイティッド・マーケティング (Cause Related Marketing)

　コーズリレイティッド・マーケティング（以下、CRM）とは、コーズマーケティングとも呼ばれるが、企業が自らの利益拡大と社会貢献を一体化させて行うマーケティング活動、または社会改善運動のロゴやネーミングをプロモーション活動に活用させてもらう見返りとして一定額を寄付する形態を指す。その構図は、消費者がある企業から製品・サービスを購入した際に、その支払った価格の一部が企業から対象組織などに寄付されるというものである。いわゆる、企業が本業を通じて社会貢献活動を行い、さらにその活動が売上増加に結びつき、ひいては対象組織と企業がWin-Winの関係を構築するという仕組みである。

　日本のCRMは、①基本的に本業活動と社会貢献活動が分かりやすくリンクしているケースが少ない、②戦略的な視座が欧米と比べて希薄である、③環境対策、医療・福祉、スポーツに対するCRMが多い、④アメリカの初期活動と同様にクレジットカード会社による活動が目立つ、などの特徴が見られる。

◆コーズリレイティッド・マーケティングの実際

　CRMは、アメリカンエキスプレス社の行ったキャンペーンが始まりだと言われている。同社は、1981年にアメックスカードの利用額の増加分に応じてサンフランシスコの芸術を振興する非営利組織に寄付を行うキャンペーンや、1983年に同種のキャンペーンを全国規模に広げ、「自由の女神」の改修に際して同社のカードを利用すればその金額の一部を寄付するというキャンペーンを行った。これらのキャンペーンによって同社は、消費者から大きな支持を得て多くのカード利用を引き出すのと同時に、対象非営利組織も企業から寄付金を得ることができ、本業を通じて社会貢献活動を行いながら利益を拡大するという新たなマーケティ

MARKETING EYE

ング戦略を生み出した。

　日本のCRMの具体例としては、イオンの「幸せの黄色いレシートキャンペーン」、森永製菓の「1チョコ for 1スマイル」、王子ネピアの「千のトイレプロジェクト」、キリン（ボルビック）の「1ℓ for 10ℓ プログラム」、アサヒビールの「アサヒスーパードライ　うまい！を明日へ！プロジェクト」、サカタのタネの「よく咲くスミレ骨髄バンク支援キャンペーン」、アース製薬の「ストップモスキートプロジェクト」、多数企業の支援による「ピンクリボンキャンペーン」などがあげられる。

◆CRMとフィランソロピーとの相違点

　CRMとフィランソロピーとの相違点は、CRMが社会貢献活動を行いながら売上増を目的とする一方で、フィランソロピーは社会貢献を目的にする点にある。さらには、税制上でもフィランソロピー予算は税引き前利益の一部から拠出されるのに対して、CRM予算は広告費などのマーケティング費の予算から拠出されている点からもCRMとフィランソロピーが区別されよう。

　近年、市場不況の中でフィランソロピーだけを純粋に行うケースは少なくなり、本業を通じて社会貢献活動を行いつつも、自身の売上を高めていくCRMの方策が模索されている。

29 ソーシャル・ビジネスの特徴と形態

　近年、ソーシャル・イノベーション、ソーシャル・アントレプレナー（社会的起業家）、ソーシャル・ビジネス（ソーシャル・ベンチャー）などといった言葉を方々でよく耳にするようになった。これらは、ミッション性のある社会的事業を通じて、持続的に利益性と社会性の両面（ダブルボトムライン）を追求するビジネスモデルの構築・実践を進め、社会的課題の解決へと導くという発想に立つ考え方である。とりわけ、ここでは、ソーシャル・ビジネスに焦点をあて、ソーシャル・ビジネスの特徴と形態についてみていきたい。

◆ソーシャル・ビジネスの特徴と形態

　ソーシャル・アントレプレナー（社会的起業家）が社会貢献を目指して立ち上げる組織をソーシャル・ビジネスと呼ぶが、社会貢献に資する事業運営がなされるならば、その組織形態は、事業性を持ったNPO（非営利組織）であろうと、社会貢献を強く意識した営利企業であろうと、大きな意味ではソーシャル・ビジネスと言えよう。

　そうしたソーシャル・ビジネスの特徴は、社会貢献を前提にして、組織存続のための利益獲得と、社会性に資する成果を同時に満たさなければならない点である（但し、資金不足を寄付金で補ったり、労働力をボランティアで賄うなど、営利企業に比べて競争上の優位性はある）。したがって、ソーシャル・ビジネスは、利益獲得（事業性）と社会貢献（社会性）を同時に満たすために、異なる2つの戦略を検討しなければならない。

　一方、ソーシャル・ビジネスの形態は、利益獲得と社会貢献の活動が重複する形態（活動重複型）、利益獲得と社会貢献の活動が分離する形態（活動分離型）、地域活性化とビジネスの融合を目指す形態（地域活

MARKETING EYE

性化型)の3つに分けられる。活動重複型には、フェアトレードカンパニーによるフェアトレード商品(ブランド名「ピープル・ツリー」)の販売、かものはしプロジェクトによる人身売買の撲滅と現地就労支援などがあげられ、活動分離型には、スワン(ヤマト運輸子会社)によるハンディキャップ支援事業、トヨタ自動車による植林事業などがあげられる。さらに地域活性化型には、YOSAKOIソーラン祭りなどの祭り・イベント開催、Nipponia Nipponによる地域ブランディング活動などがあげられる。なお、ソーシャル・ビジネスの形態は、スタートアップ期やその成長段階、組織トップの考え方、組織規模、市場環境などによって変革していくと考えられる。

◆**ソーシャル・イノベーションの創出パターン**

ソーシャル・イノベーションの創出パターンには次の3つがある。

第1に、起業時のイノベーションである。これは、従前に解決方法が見出せなかった社会問題に対して画期的な解決策がもたらされ、その活動を通じて継続的利益を見込める起業時に創出されるパターンである。第2に、ビジネスモデルからのイノベーションである。これは、社会貢献に資する新商品・サービスの開発、新市場の創造など、新しいビジネスから創出されるパターンである。第3に、社会貢献モデルのイノベーションである。これは、ソーシャル・ビジネスが社会貢献面で画期的なスキームを生み出した場合に創出されるパターンである。

いずれにせよ、ソーシャル・ビジネスは、ソーシャル・イノベーションよって創出されると考えられる。

ソーシャル・ビジネスの実際

　ソーシャル・ビジネスの実際をみると、多くの場合その活動によって社会貢献をしつつも、サービス提供者と受け手双方に一石二鳥あるいは一石三鳥のメリットを達成する組織が成功している。

◆ YOSAKOI ソーラン祭り

　鳴子と奇抜なファッションで着飾り、チームで踊りを披露し競い合う、「YOSAKOIソーラン祭り」は、1992年当時学生であった長谷川岳らによって創始された祭りである。行政主導・観光客誘致型ではなく、市民主導・市民参加型として企画された点が成功要因のひとつになっている。同祭りが開催に至るまでには相当な苦労と困難があったときく。社会的に全く信用のない学生らが企業協賛金の獲得、札幌市中心街におけるイベント会場の確保、目抜き通りの道路使用の許可、市民からの理解の獲得、本場よさこい祭りからのグランプリチームの招致、北海道知事と高知県知事の対談の開催など様々な難問を数カ月間でクリアしたことは、まさに驚愕に値する。創生期の成功要因として、同祭りはNPOと株式会社の2つの組織の連携によって成功してきたことがあげられる。つまり、祭りの運営はNPOとしてのYOSAKOIソーラン祭り組織委員会が取り仕切り、祭りの財源確保及び地域活性化・街づくりについては株式会社が受け持ってきたのである。現在、商業主義だとの批判を受けつつも、「札幌雪まつり」を凌ぐ祭りへと成長した本祭りは、今やソーシャル・ビジネスの先駆けとして、他の社会的企業家から注目されている。

◆いろどり

　徳島県勝浦郡上勝町にある「株式会社いろどり」は、平均年齢70歳を超えるおばあちゃんたちが、高級料亭の料理に添えられる葉っぱや花等の「つまもの」を収穫し、それらを販売するビジネスモデルを構築した。

MARKETING EYE

1987年、横石知二が起業した同社は、競争志向的な商品情報の管理や売れ筋の葉っぱの吟味など、様々な苦労・検討を重ねた結果、現在では、農家140軒、取扱い種類300種で、年商約2億円を生み出すビジネスに発展している。日本の過疎地において高齢者に働きという生きがいをもたせ（働くことで専ら健康になり、医療費削減にも貢献）、高い収入が得られる葉っぱビジネスを上勝町に根付かせた功績は大きい。

◆セカンドハーベストジャパン

困っている人に食料を届けようと1970年代にアメリカで始まったフードバンク活動を広めるため、2002年に「セカンドハーベストジャパン（2HJ）」は設立された。品質に問題がないのにラベルの印字がずれていたり、パッケージが破れていたりといった理由で廃棄される規格外の食品をメーカーから譲り受け、福祉分野の施設・団体に無償で寄贈する活動を行っている（フードバンク活動）。いわゆる、食品ロス削減への施策と新しい社会福祉支援策の双方の解決を目指す活動である。その他にも、フードキッチン（炊き出し）、フードパントリー（経済的困窮家族への食品提供）なども行っている。現在、認定NPO法人を取得し、提携した企業・団体は2023年度までの累計で約2,600にも上っている。集められる商品は、コメ、パン、野菜、果物、缶詰、冷凍食品、デザートなど多岐にわたるが、それらは主に児童養護施設、母子支援施設、経済的困窮者に配られている。2HJの食品取扱高は2002年で30トン、2023年で1,307トンとなっており、廃棄食品の有効活用にも一役買っている。現在、コロナ禍で一時取扱高が減ったが徐々に戻りつつあり、また東日本大震災などの復興支援に対応する活躍もみせ、各地でその取り組みが広がっている。さらに社会に定着するためには広く認知されることが必要であり、資金確保など持続可能な運営が求められている。

MARKETING EYE

◆フェアトレードカンパニー

　フェアトレードとは、生産者の生活の安定や労働条件の改善、自然環境の保全などが目的で、発展途上国の製品（衣料品、革製品、コーヒー、チョコレートなど）を労働や品質に見合った公正な価格で先進国の組織などが輸入する取り組みをいう。わけても、「フェアトレードカンパニー」の取り組みは、その先駆的なものである。同社の商品ブランドは「ピープルツリー」であるが、もともとは1991年にサフィア・ミニーを代表とする「グローバルヴィレッジ」を母体としてスタートし、1995年にフェアトレード事業を独立させて同社となった。現地の生産者の育成と消費者の満足を共に達成するのが同社の目標である。

◆TABLE FOR TWO（TFT）

　先進国が悩む過食による肥満や生活習慣病の問題と、食料不足に苦しむ開発途上国への食料支援という２つの課題を同時に解決しようとする日本発の事業を推進するのが「TABLE FOR TWO（TFT）」である（2007年設立、代表・小暮真久）。具体的には、社食や学食でカロリーを抑えて開発された健康ランチの代金に20円分の寄付を上乗せし、その寄付金をTFT事務局を通じて途上国の子どもの給食に充てるという仕組みである。健康に配慮したランチを食べるだけで自身の健康や社会貢献にもつながり、食料過剰の先進国と食料不足の開発途上国の「食の不均衡」を解決する試みである。現在、様々な企画も行われているが、参加企業・団体数は700を超え、数百万食分の給食を開発途上国に提供している。

◆グローバルエナジーハーベスト（旧・音力発電）

　音や振動からの発電システムを開発したのが、2006年に速水浩平が起業した「音力発電」（2022年にグローバルエナジーハーベストに社名変更）である。特に音を伝える振動に着目して、人や車などが動くことで発電

MARKETING EYE

する発電床を開発した。駅・ビル内、道路、地下街などで活用し、現場での電力供給に活かしている。現在では、音力以外にも、振動力、水力、風力、波力、太陽光などの発電も行っており、身の回りにある微小なエネルギーをうまく活用する環境発電全般を手掛けている。

◆ミチコーポレーション

1997年に植田紘栄志が起業したミチコーポレーションは、象の糞から製造した「ぞうさんペーパー」、自然素材の文具品、インディーグッズなど、スリランカ製造の商品を日本や世界に輸出するビジネスを手掛けている。その他、ぞうさん出版、ぞうさんカフェなども国内で展開している。同社のビジネスコンセプトは、野生動物の保護とスリランカの雇用を同時に創出するところにある。現在、スリランカの工場では数百人の現地人が働き、利益も出るようになった。2006年にはBBCが主催する「BBCワールドチャレンジ2006」でその活動がグランプリを受賞している（絶滅危惧種である象の保護のためのビジネスモデル）。

◆かものはしプロジェクト

かものはしプロジェクトは、カンボジアでの児童買春の撲滅・児童の人身売買防止と現地での就労支援を行ってきたNPO法人である（2002年設立、代表・村田早耶香）。カンボジアで活動は一定の成果を見せたため2018年に終了し、現在は子どもへの暴力と虐待のない社会を目指し、インドの人身売買の撲滅と現地の就労支援を行っている。同社の会費・寄付金集めの巧さは特筆すべきもの（収入構成における会費・寄付金の割合は他のそれと比べても数倍）があるが、主に次の戦略手法に支えられている。第1に、ペルソナ・マーケティング（顧客のデータベースから顧客特性を抽出し、インタビューなどで特徴を肉付けしながら典型的な顧客像をつくり上げ、それに合わせたアプローチを行うもの）の活用

MARKETING EYE

である。同社では講演活動によって個人会員の獲得を目指すが、講演ごとの聴衆層に適した内容に変更して活動をアピールして入会者を増やしている。第2に、Web管理の徹底である。とりわけ、HPの一要素だけを変えて閲覧者の反応を見ることで最も効果的なアプローチを探るABテスト法を用いたマーケティング手法を展開している。たとえば、月々の会費額は1,000円、3,000円、5,000円のパターンから会員は選べたが、サイトの入会画面上で、初期設定の金額を1,000円から5,000円に変更したところ3,000円の入会者が増加し、会費単価の引き上げに成功した（現在は、月1,000円〜の寄付表示に変更されている）。

◆ボーダレス・ジャパン

田口一成の起業したボーダレス・ジャパンは、貧困、差別、農業、環境など様々な社会問題を解決する事業を創出し続け（2025年現在50以上の事業）、そこで事業を立ち上げた社会的起業家らが共同体化し、そのノウハウ、資金、関係資産をお互いに共有する（カンパニオ）など、ユニークな経営方法で拡大している。たとえば、新規事業については、すでに事業を立ち上げた社会的起業家らの全会一致で事業承認され、当該事業はグループ内の各事業の余剰資金（共通資金）から事業資金が提供されるなど、社内の社会的起業家らのネットワークの中で互助する仕組みがとられている（恩送りシステム）。つまり、ボーダレス・ジャパンは、会社内での事業部制をとるのではなく、会社を設立し続けることでそれらが相互に助け合うシステムを構築している。

◆ Nipponia Nippon

Nipponia Nipponは、「地域（ふるさと）からニッポンを元気にする」をスローガンに地域Webサイトを構築し、地域の魅力を物語として世界に発信することで地域コミュニティを創出し、地域づくりに貢献する

MARKETING EYE

一般社団法人である（2012年設立、代表・天羽優太）。現在、地域ブランディングをベースに、創作ギルト、地域共創プロジェクト、地域物語を展開しているが、とりわけ地域物語では、鞆物語、会津物語、小豆島物語、国分寺物語を展開している。その中でも、国分寺物語は日本初の学生主体運営（東経大・小木ゼミ）で進められている。近年では、ビッグデータを使い、サイトを訪れた人の属性や興味、検索に使った言葉などのビッグデータを分析し、客層に応じたコンテンツを作成するビジネスも手掛けている。

◆その他

その他には、大学生ボランティアを活用し高校生の自立を支援する「カタリバ」（2001年設立）、栽培した菜種から絞った食油を使用・回収して、それを軽油代替燃料として活用する資源循環型社会を目指した「菜の花プロジェクトネットワーク」（2001年設立）、ときわ荘プロジェクトなど、夢を持つ若者支援やニート・引きこもりの救済支援を手掛ける「NEWVERY（旧コトバノアトリエ）」（2002年設立）、非施設型病児保育サポートシステムを行う「フローレンス」（2004年設立）、ミツバチを使って都市と自然環境の共生を目指した各地での「ミツバチプロジェクト」、途上国発のブランドをつくることを目指したバッグメーカー「マザーハウス」（2006年設立）などがあげられる。さらに、2017年度（第1回）から日経ソーシャルビジネスコンテストが開催されており、日本発のソーシャル・ビジネスが数多く生まれている。

これらのソーシャル・ビジネスは、とりわけ2000年以降、各々の問題解決のためにひと手間かかる活動をこなし、社会貢献と利益性の双方を達成しようとする点に共通点がある。

31 環境問題と環境ビジネスの動向

◆環境問題の動向

　フランスのブレア島やスペインのカナリア諸島などのオーバーツーリズム（観光公害）と同様、日本の観光地の島々（宮島、竹富島など）でも観光客に入島税を課し、環境破壊の抑止と環境保全に活かす政策を進めるなど、環境を巡る議論が活発になっている。

　翻って、政府は2020年7月から全ての小売店に対してレジ袋の有料化を義務づけ（紙製、布製、環境性能が認められる生分解性プラスチック、バイオマス製は除外）、さらに2022年にはプラスチック廃棄物削減を目指す「プラスチック資源循環促進法」を施行した。とりわけ、レジ袋は2019年度では1人あたり年間150枚程を使用していたが、レジ袋の有料化後、マイバックの活用が広がり、レジ袋使用量は大きく減った。政府は2030年までに使い捨てプラスチックの排出量を大幅に削減することを目標としているが、これらの実施において削減をより加速化させる狙いがある。また、世界各国は2050年までにはマイクロプラスチックなどの問題解消を含め、海洋プラスチックごみゼロを目指すことで合意している。すでにサントリーは、2030年までにペットボトル商品の全てを再生循環システムに組み入れることを表明し、ペットボトルの原料にはマツの間伐材や砂糖を作った後のサトウキビなどの植物由来の樹脂を使用する方向で検討している。いわゆる、資源や素材を長期的に保全・維持し、廃棄物を最小限にするサーキュラーエコノミーが進展してきている。

　レジ袋に関しては、すでに多くの顧客はマイバックを持参しているが、多くの小売店にとってレジ袋の有料化は相当な努力が求められる。日本においてレジ袋がプラスチックごみ（廃プラ）全体に占める割合は約2%だが、レジ袋有料化の動きは、廃プラ発生量世界2位（国連環境計画の調査）とされる日本の廃プラ削減努力の象徴的な一歩と考えられる（本

MARKETING EYE

丸はペットボトルや食品トレーなど)。2017年に中国が廃プラ輸入を禁止し、他の国々も輸入規制を始めるなか、各国が自国内で廃プラの削減やリサイクルに取り組むことがより重要になってくる。

◆**環境ビジネスの動向**

　商品パッケージやレジ袋の減量によるリデュース(Reduce)、サステナブルファッションやネットオークションなどに代表されるような商品のリユース(Reuse)、ペットボトルや紙などのリサイクル(Recycle)のいわゆる3Rはもとより(最もリデュースが重要で、リサイクルは最終手段とする)、近年では、自然エネルギーの活用、サステナブル志向の拡大、省エネ商品の開発、エシカル消費の拡大、エコカーの販売、排出権取引など環境に関わるビジネスを巡る動向は活発化している。政府は、こうした環境ビジネスを核とした新たな国家戦略を打ち出しているが、実際に環境に関わる興味深い企業も出現してきている。以下では、環境ビジネスを支える企業の事例を幾つか紹介する。

①ユーグレナ

　ユーグレナは、ミドリムシ(学名：ユーグレナ)を活用して健康食品の開発、地球環境への寄与、エネルギーの確保を目指す企業である。とりわけ、豊富な栄養素を摂取できるミドリムシによって健康食品の開発や飢餓に苦しむ地域への食糧問題の解決を目指している。ミドリムシを活用したジェット燃料の大量生産にも乗り出している。

②アサヒビール

　アサヒビールは、九州沖縄農業研究センターと共同で沖縄県伊江島において、サトウキビから砂糖とバイオエタノールを同時に製造しようと開発を進めている(サトウキビから砂糖を取り出した後の搾りカスからバイオエタノールを抽出する)。

MARKETING EYE

③アステティックスジャパン（旧ヴィンテージアイモク）

アステティックスジャパン（旧ヴィンテージアイモク）は、古民家の活用事業及び古材活用事業を展開している。とりわけ、古い民家を解体する際に出る廃材を「良質な古材（ヴィンテージ木材）」として価値ある資源に復活させる循環型建築社会に根差したビジネスを進めている。

④日本ポリグル

日本ポリグルは、汚水を浄化するための凝集剤や浄化槽を開発し、生活・飲料水不足に悩む開発途上国などの地域への貢献を強めている。

⑤エコリング

エコリングは、店舗で買い取った商品をインターネットオークション・業者間取引・海外店舗などで販売するリサイクルビジネスを展開する企業である。他社が断るものを何でも買い取ることで有名になっている。エコロジーの輪（リング）を広げていく理念から社名も付けられた。

⑥ユニチカ

ユニチカは、トウモロコシを原料にして製造された生分解バイオマス素材を使って「テラマック」を開発している。本素材は最後に水と二酸化炭素に分解され、自然（土）に戻すことできる素材として注目されている。具体的には、ストローの素材、耐熱性の食品容器、タオルや衣料品、携帯電話やパソコンなどのフレーム、歯ブラシ、ゴミ袋、土のう袋などに使用されている。

⑦スターバックス／すかいらーくグループ

スターバックスはストローを紙製からバイオマスプラスチック製に、ガストなどを運営するすかいらーくグループはストローの不使用を推進している。スターバックスのストローの使用は世界で年間10億本とも言われ、環境に配慮した取り組みが進められている。

MARKETING EYE

⑧福助工業

　合成樹脂製品、ラミネート製品、食品容器などを取り扱う福助工業は、環境問題の取り組みも精力的に行っている。とりわけ、バイオマス（とうもろこし、稲わら、いも）から製造されるバイオプラスチックの「バイオレフィン」を使用し、分解できるレジ袋を開発し、社会・環境に寄与している。全社あげての環境への対応は先鋭的なものである。

⑨MOKI（モキ製作所）

　MOKIは、燃焼機器、分別機を主力とする会社である。分別機には破袋分別機、廃プラ洗浄脱水機、缶詰分別機があり、とりわけ廃プラ洗浄脱水機は、汚れの激しい廃プラを洗浄してリサイクルに使いやすくできるので、世界的な環境問題の解決の切り札として注目されている。

⑩イオン

　様々な環境対策を行っているイオンだが、食品の二酸化炭素排出量の削減度合いを示すラベルを、トマトやイチゴなどの野菜・果物を中心に添付している。2024年には二酸化炭素ゼロ食品として、生産過程で二酸化炭素を出さない構造の温室を建設し、イチゴを栽培する予定で、イチゴから順次広げていく方針である。

⑪アサヒユウアス

　アサヒグループのアサヒユウアスは、プラスチック製品を分別回収し、それを粉砕・洗浄した後、リサイクル材として活用し、新たにプラスチック製品を生産・販売する取り組みを「plaloop」と称して、プラスチックの資源循環の実現を目指している。従来の減プラスチック製品は、使用後に全量焼却されるが、plaloop製品はプラスチックに関するサーキュラーエコノミーを推進する取り組みといえる。

農産物のマーケティング

 飽食の時代にあって、将来の食糧危機を抱えている今日、「農産物のマーケティング」が各方面において注目を集め始めている。

 農産物が、一般的な製造品と大きく相違する点は、①気象や災害などの影響により数量・品質を計画的に維持することが困難であること、②生産物そのものに季節性があること、③長期保存が比較的難しいこと、④需要に即座に対応するのが困難であること、⑤生産地域が広範囲であることなどがあげられる。こうした農産物の特性のために、必然的に製造品のマーケティングと異なった、農産物のマーケティングの必要性が生まれてくるわけである。

 そのマーケティング手法として、まず、流通面での精緻化があげられる。生鮮食料品であれば、即座に生産地から消費地までの懸隔を埋める運送・倉庫・冷凍・販売方法などの技術の向上、そしてインフラの整備などが重要になる。

 一方、生産段階では、もともといびつな形になりがちなキュウリやダイコンなどを、箱詰めが簡単にできるように真っすぐな形に矯正生産して、流通をスムーズにしていこうとする努力もみられる。さらに、気象の影響によって収穫量が変動し、それに伴って価格も変動することから、気象や災害に強い品種への改良や栽培方法の開発などが進められている。また、新種の開発も積極的に行われている。

 現在、農産物生産のあり方は国の政策とあいまって、大量的かつ計画的な生産のベクトルと顧客の高いニーズに応え、少量の高級品を生産するベクトルの2つの方向にそれぞれ向かっている。そのために、関連施設の充実、農機具の改善、栽培方法の開発、バイオテクノロジーの向上など、様々な点で技術の向上がみられる。たとえば、栽培方法では、必

MARKETING EYE

要以上に水を与えず、育ちの悪いものを間引き、糖度や瑞々しさが高い良質な少数の農産物を丹念に育てる技法などが開発されている。また、バイオテクノロジーの分野では、遺伝子の組み換えによって天候や害虫に非常に強い、一度に大量に収穫できる、持ちが良く品質が高いといった農産物の開発などが講じられてきている。

　農産物の生産システムの向上とは別に、農産物の販売においても変化が著しい。基本的にJAを通しての販売が主流であったが、道の駅での販売、農家による直接販売、ふるさと納税、各種ネット販売なども販売・売上に大きく貢献しており、生産−販売のシステムが近代化している。とりわけ、「らでぃっしゅぼーや」「食べチョク」「タダヤサイ」など、農産物をお得にネット上で予約・販売する企業も多く現れており、安定した販売（売上）と食品ロス削減に貢献している。

　また、農業分野の知的財産の保護にも力を入れる必要がある。たとえば、韓国への「レッドパール」や中国への「シャインマスカット」の無断流失で年100億円以上の損失が生じていると試算されている。今後は国をあげての知的財産の保護に取り組む必要があろう。

　農産物のマーケティングにおいては、製品開発（生産）が過度に先行している観もあるが、今後の方向性としては、国の政策や天候（温度）の変化を十分に考慮に入れながら、農産物のブランド化を中心に流通・価格・プロモーション面でも新たな戦略開発が求められよう（実際に米のブランド化が進み、天候に応じて米どころの地域も一昔前に比べて変化しつつある）。また、バイオテクノロジーを擁した農産物のあり方の再考を含め、「生産ありきの概念」と「消費者に対する安全性の確保」を踏まえた、バランスの良い展開がより一層必要とされよう。

33 生鮮食料品表示

　食品衛生法、JAS法、健康増進法の三法にまたがっていた食品表示に関するルールを一元化し、包括的に規制する食品表示法が施行された（2013年制定／2015年施行）。同法では、食品に表示しなければならない事項として、生鮮食品であれば、「名称」と「原産地」の表示が義務付けられている。以下では、生鮮食品（農産物、畜産物、水産物）についてみていく。

◆野菜・果物などの農産物
　名称は、その内容を表す一般的な名称表示とするが、原産地は、国産品ならば「和歌山県産」などの都道府県名、輸入品であれば「米国産」などと原産国名を表示するのが原則である。ただし、国産品は市町村名その他一般的に知られている地名を、輸入品は一般的に知られている地名をもってこれを代えることができる（「紀州産」「カリフォルニア産」など）。また、果物の盛り合わせのように、複数の原産地のものを組み合わせた場合には、全体に占める重量の割合の多いものから順に名称と原産地を表示することになる。

◆牛肉・豚肉・鶏肉などの畜産物
　名称は、その内容を表す一般的な名称表示とするが、原産地は、国産品（国内飼養期間が外国飼養期間より短い家畜を国内で屠畜して生産したものを除く）には国産である旨を、輸入品（国内飼養期間が外国飼養期間より短い家畜を国内で屠畜して生産したものを含む）には原産国名を表示するのが原則である。ただし、国産品は主たる飼養地（最も長い飼養地）が属する都道府県名、市町村名その他一般的に知られている地名をもってこれを代えることができる（「松阪牛」「オージービーフ」など）。複数の原産地で同種の畜産物を混合している場合、全体重量に占

MARKETING EYE

める割合の高いものから順に表示することになる。

◆**魚介類などの水産物**

　名称は、その内容を表す一般的な名称表示とするが、原産地は、国産品には水域名または地域名（主たる養殖場が属する都道府県名）を、輸入品には原産国名を表示するのが原則である。ただし、マグロのような回遊魚の場合は「インド洋」などと漁獲した水域名を表示するが、水域名の表示が困難な場合には、水揚げした港名または水揚げした港が属する都道府県名をもって水域名の表示に代えることができる（「焼津漁港」「静岡県」）。複数の原産地で同種の水産物を混合している場合、全体重量に占める割合の高いものから順に表示することになる。また、原産地が異なる数種類の水産物の詰め合わせは、それぞれの水産物の名称に原産地を併記する必要がある。

　こうした取り決めは厳格に遵守されていれば問題はないのだが、消費者とすれば国産と表示してあれば国産だと信じるしかなく、その表示の真偽を個人で確かめることは非常に難しい。その意味では、消費者自身が細心の注意を払うのは当然であるが、販売業者のモラルとコンプライアンス（法遵守）の徹底も求められよう。

34 食品ロスの削減／子ども食堂

◆食品ロスの削減

　農林水産庁や消費者庁の統計によると、2022年の日本の食品ロス（食べられるにもかかわらず廃棄される食品）は年間472万トン発生しており、これは国連世界食糧計画（WFP）による食料支援量約480万トンに匹敵する（ただし2016年の643万トンから事業系の食品ロスを中心に徐々に減少している）。食品ロスの内訳は、事業系及び家庭系ともに236万トンとなっており、昨今では食品ロス削減に向けて事業系や家庭系の双方で様々な努力がなされている。たとえば、大手食品メーカーは賞味期限・消費期限表示を年月に変更し期限を延長しているし、ミツカンは野菜の種や皮まで使用する新素材のお菓子をネット販売したりしている。その他には、有名ベーカリーを含む全国の売れ残ったパンをネットで販売する通販サイト「rebake」（クアッガ）、在庫を抱える食品メーカーの商品や規格外農産物などを約70％オフで販売する「KURADASHI.jp」、農家や食品メーカーなどの売り手が採れすぎた野菜や魚、余った食品を格安で販売する「tabeloop」（バリュードライバーズ）、登録した飲食店が営業内で売り切るために閉店時間間際や作りすぎた食事を格安で販売する「TABETE」（コークッキング）など、食品ロス対策を進める社会貢献型サイトもある。東京農業大学では「TABETE」を活用して学生食堂で余った食品を低価格で販売している。

　日本では2019年に「食品ロスの削減の推進に関する法律」（食品ロス削減推進法）が施行され、食品ロス削減の計画策定の努力義務を全国の自治体などに定めた。食品ロスはSDGsの12番目の目標に関わるが、今後は世界全体での食品廃棄や生産・サプライチェーンでの食品ロスを大幅に削減する必要があろう。

MARKETING EYE

◆子ども食堂

　厚生労働省によると、中間的な所得の半分に満たない家庭で暮らす18歳未満の子どもの割合（子どもの貧困率）は、2021年で11.9％（2018年は14.0％）となり、先進国ではいまだ高水準である。近年、こうした子どもの貧困や一人で食事する孤食を解決すべく、食事を無料または低価格で子どもたちに食事を提供する「子ども食堂」が、地域住民や自治体が主体となり全国で広がっている。子ども食堂の食材は企業からの無償提供や参加者の持ち寄りで賄われ、子どもたちの食事提供の場としてだけでなく、高齢者を含めた地域住民の交流拠点の場ともなっている。

　子ども食堂は、東京都大田区の八百屋店主が2012年に始めたことを契機に、東京都豊島区の子ども支援の団体メンバーが活動に取り入れたことで一気に全国に活動が広がった（NPO法人全国こども食堂支援センター・むすびえの調査によれば2022年で全国7,363か所で活動）。子ども食堂のメリットは、十分に食べられない子どもたちに食事を提供できる、手作りで温かい食事を格安で提供できる、皆と一緒に食事ができ楽しく食べられるなどがあげられる。一方、デメリットは、スタッフ・会場・活動費の確保が難しい、アレルギー体質の子どもへの対応が難しい、トラブルの際の責任の所在と対応が難しいなどがあげられる。

◆新しい食のかたち

　未来の食のかたちとして注目されているのがフードテックと呼ばれる技術から生まれた食品で、たとえば、環境負荷の高い肉に代わるものとして「プラントベース食品（植物由来タンパク質）」「培養肉」「昆虫食（コオロギ他）」などがあげられる。いずれも、消費者が安心して利用するためには、安全性確保や情報提供などの仕組みを整えることが今後の重要な課題と言える。

地域活性化のための様々な取り組み

◆B-1グランプリ

　B-1グランプリ（ご当地グルメでまちおこしの祭典！）とは、2006年設立の一般社団法人「愛Bリーグ（ご当地グルメでまちおこし団体連絡協議会）」の主催する、まちを盛り上げ、地域ブランド・ご当地グルメをPRする「富士宮やきそば学会」や「横手やきそばサンライン's」をはじめとするまちおこし団体の共同イベントである（愛Bリーグの本部加盟会員のみがB-1グランプリへ参加できる）。B-1グランプリのBはBrandのBとし、食べ物を売ることを目的としたグルメイベントではなく、まちおこしイベントの位置づけにある。第1回（2006年八戸大会・グランプリ「富士宮やきそば」）〜第11回（2019年明石大会・グランプリ「津ぎょうざ」）が開催されている（2023年支部大会が四日市で開催）。B-1グランプリの特徴は、①飲食店プロや企業の参加は厳禁、②売るものは地元、③マスコミには料理名のほか団体名・ご当地の明記を要望、④グランプリは入場者の箸投票で決定、⑤出展により現地への来訪者が増加、⑥広告宣伝費なしで全国各地の地元メディアに取り上げてもらう仕掛けづくり、⑦ネーミングやロゴなどの商品登録の徹底的な管理などとなる。その経済効果は、グランプリを獲得した地域を中心にして計り知れず、B-1グランプリは地域活性化の代名詞ともなっている。

◆ゆるキャラ

　ゆるキャラとは、地元のまちおこしに一役買ったご当地キャラクターである。地方自治体のイベントや特産品のPRを行うマスコットキャラクターらのコンセプトや造形のゆるさに着目し、既存のキャラクターと区別してゆるキャラと名付けられている。「くまモン」「ひこにゃん」「チーバくん」を筆頭に一時は1,700を超えたが、その後、費用対効果も問われたため、徐々に衰退していった。そして、2020年のゆるキャラグ

MARKETING EYE

ランプリの開催終了をもって、その歴史に幕を閉じた観がある(2023年には、ゆるキャラグランプリの後継イベントとしてゆるバースを実施)。また、ゆるキャラブーム以降、企業のマスコットキャラなど既存のキャラたちの「ゆるキャラ化」も進んだ。たとえば、中日ドラゴンズの「ドアラ」やヤクルトスワローズの「つば九郎」などは、その典型例である。ゆるキャラに限らないが、他の地域がゆるキャラで成功したから導入するといった、安易な姿勢の下での導入ではなく、何のためにゆるキャラを活用するのか、地域に息づく文化や風習を魅力的に発信する方法はないかなど広い視野による創意工夫が求められる。

◆ご当地アイドル

　全国各地で歌と踊りを通じて地域限定で活動する、ご当地アイドルが広がっている。自治体や商店街など、ご当地アイドルを売り出す主体も多彩で地域振興の新たな手法として注目されている。AKB48、SKE48、NMB48、乃木坂46などは言うに及ばず、名古屋市の「名古屋おもてなし武将隊」「OS☆U」「dela」「BOYS AND MEN」「MAG!C☆PRINCE」など百花繚乱である。とりわけ、戦国時代の武将や姫をモデルにした「名古屋おもてなし武将隊」及び「あいち戦国姫隊」はおよそ30億の経済効果をもたらしたとも言われている。その後、全国にもおもてなし武将隊が結成されるなど全国的な流れとなった。いずれにしても、地域活性化だけでなく、継続のための資金確保や乱立したご当地アイドルの質の担保など、ご当地アイドルをめぐる課題は多い。

◆街コン

　街コンとは、地元の飲食店が中心になり、若い男女らに食事と出会いの場を提供する目的で、市街地をまるごと会場にした食事会・飲み会である。街コンの先駆けとなった宇都宮市の「宮コン」をはじめ、札幌市

MARKETING EYE

の「エゾコンMAX」、仙台市の「せんコン」、名古屋市の「sakaeコン」、広島市の「ひろコン！」など街コンは全国各地に広がっている。その背景には、少子高齢化や郊外への顧客流出に苦しむ中心市街地で、人の交流を生み出す仕掛けを通じた活性化を模索する動きがある。こうした現象をビジネスとしてとらえた「リンクバル」は、街コンジャパンを運営するとともに、街コン、ビルコン、婚活支援、狩りコン（モンハン×街コン）などを企画し、様々な地域活性化のあり方を提案している。

◆**その他**

その他には、各自治体発行のプレミアム商品券、「おしい！広島」や「鳥取の左の島根」などで逆に存在感を出そうとする自虐PR、本社を移転した企業に地方税を減額する税優遇、㈱地域活性プラニンニングによる当該地域の魅力やご当地グルメを競い合う「全国ふるさと甲子園」などがある。さらには、地元へのUターン人材の採用支援と地元産品を並べたカタログギフトを展開する「地元カンパニー」、高知県発祥（2011年）で全国展開する全国地域情報活用ネットワークによる「ランチパスポート（ランパス）」、地域に眠るおいしい特産品・名産品を発掘・開発していくWebサイト「うまいもんプロデューサー」など地域活性化をめぐるビジネスの展開は活発化している。

The 19th hole ⑤
地域一番店のイチオシ商品を探せ！

　いかなる場所でも、その地域の一番店のイチオシ商品が必ずあるはずです。こうした地域一番店のイチオシ商品の情報は、クチコミやマスコミなど、何らかの手段でわれわれの耳に届きます。その情報は、かなり正確なものとして伝わる場合もあれば、全く逆の情報として伝わる場合もあります。実際に店を訪れれば、一目瞭然なのですが…。

　そこで、今回は足で稼ぐことを主眼において、貴君が選ぶ、その地域一番店のイチオシ商品を探し出し、報告を行って下さい。ジャンルは、蕎麦、うどん、ラーメン、ケーキ、カレー、寿司、和食、洋食、イタリアン、中華、美容院、生活用品、輸送サービス、ホテル、百貨店などなど、様々なジャンル（統一テーマを設定）からひとつ選び、下記のプロセスを十分に留意して探索してほしいと思います。

①どのような探索計画をたて、どのような探索方法をとったか。
②どのような情報収集を行い、どれほどの金銭的・時間的コストを費やしたか。
③候補の店及び商品の何が良くて、どんな工夫がなされていたか。
④店の雰囲気や客の入りはどうだったか、店や商品に改善点はなかったか。
⑤候補の順位づけをグループ内でどのように行い、最終的にどう絞り込んでいったか。
⑥その他

　いずれにせよ、その地域一番店のイチオシ商品にたどりつくまでのプロセスの精度を重要視したいと思います。こうした探索研究を通じて、リサーチの奥行きの深さを知るとともに、足で稼ぐことの重要さを理解してもらえたならば幸いです。

出典：小木紀親『マーケティング・ストラテジー』（中央経済社　2000年）101頁を加筆・修正

地域の「まちおこし」の実際

「まちおこし」の取り組みが各地域で活発化している。自治体を中心に、とりわけ漫画・アニメなどの聖地巡礼（推しゆかりの地を訪ねる行為）を地域振興に活かす動きが広がっている。一方、京都や鎌倉の取り組みのように、オーバーツーリズムへの動きも強まっている。

◆埼玉県久喜市鷲宮町

埼玉県久喜市鷲宮町では、漫画・アニメ「らき☆すた」（原作・美水かがみ）の舞台となった鷲宮神社を中心にまちおこしが進められている（幸手市・権現堂公園、春日部市・春日部共栄高校も同聖地巡礼地）。2024年の鷲宮神社の初詣客は約47万人（収容能力から頭打ち）と、アニメ放映後の2007年以降から多くの集客を継続して得られるようになった。聖地巡礼として「らき☆すた」ゆかりの地を訪ねる若者らで賑わいをみせている。とりわけ、地元商店街では食事や買い物をすると「らき☆すた」限定商品がもらえ、久喜市役所では「らき☆すた」グッズコーナーも併設されるなど、アニメでまちおこしの先駆けとなった。

◆鳥取県境港市

鳥取県境港市では、「ゲゲゲの鬼太郎」で知られる境港出身の漫画家・水木しげる氏にちなんだ「水木しげるロード」が活況をみせている。水木しげるロード（1993年〜）は、JR境港駅から水木しげる記念館に至る約800mの商店街の沿道に177体の妖怪のブロンズ像が配される商店街通りである。2018年には妖怪をゾーン分けし、ブロンズ像のライトアップがなされるなどのリニューアルが施され、年間約100万人を集客するまちおこしとなっている。その原動力には、巧みな仕掛けづくりがある。たとえば、妖怪ブロンズ像1体に対して100万円でスポンサーを募り資金獲得を行ったり、「妖怪そっくりコンテスト」や「妖怪検定」などの

MARKETING EYE

イベントを行ったり、マスコミを活用した広告宣伝を積極的に行うなどして、全国の妖怪マニアらを中心にした観光客の呼び込みに成功した。

◆秋田県羽後町

　秋田県羽後町では、アニメ調の萌え系美少女イラストの背景に描かれた茅葺きの古民家などを巡ろうと多くの若者らが訪れ、まちおこしに成功している。地元出身の若者が提案した2007年の美少女イラストコンテストがきっかけとなった。JAうごがコメの包装にアニメ調の萌え系美少女イラストを採用したところ、爆発的なヒットとなった。当初、羽後町の商工関連業は、いわゆる萌え文化に抵抗感を感じていたが、次第に羽後町全体が美少女イラストを中心にまちおこしを展開するに至った。現在では、多くの観光客が羽後町を訪れるようになり、美少女イラストを付した商品が数多く販売されている。

◆青森県田舎館村

　青森県田舎館村の「田んぼアート」は、年間20万人以上の観光客を集めるまちおこしとなっている。田んぼアートは、1993年から稲作体験ツアーの一環として始まった。田植え時に異なる種の稲を植えることで、夏にはその田んぼに描かれたアートを村役場の展望室から鑑賞するのである。これまでの作品としては、たとえば、風神雷神図（2006年）、富嶽三十六景（2007年／24万人来訪）、不動明王・七福神（2012年・2会場制開始）、モナリザと湖畔（2020年）、神奈川沖浪裏と北里柴三郎（2024）など数多くの壮大なアートが田んぼを彩った。当イベントは、村役場、農協、シルバー人材センター、婦人会、商工会、ボランティアと約1,000名で行う大イベントとなっている。2010年以降、田んぼアートは日本全国に広まり、全国田んぼアートサミットも開催されている。

第3章　ソーシャルマーケティングエリア

MARKETING EYE

◆愛媛県松山市

松山市では、中心部商店街が設立した「まちづくり松山」(2005年)が活性化に向けた様々な取り組みを行っている。路上ミュージシャンを集めたコンテスト、成人式晴れ着写真コンテストなど様々な仕掛けづくりを展開している。また、その他にも「坂の上の雲のまちづくり」と銘打ち、坂の上の雲ミュージアム、子規記念博物館、道後温泉など、街の中心を活性化させる試みで成功している。

◆福島県会津若松市

戊辰戦争の舞台となり、白虎隊や新撰組で知られる会津若松市にある「七日町通り」商店街は、全国のまちづくり関係者が注目する商店街である。七日町通りは、約700mの通り沿いに土蔵や洋館、木造商家など、明治・大正時代の面影を残した建物が並ぶ通りで、それらを「大正ロマンの街」として復活させた。年間数万人もの観光客が訪れ、市内の他の商店街などの活性化にも寄与している。

◆香川県高松市

高松市の高松丸亀町商店街は1992年には売上が約270億円、通行量も1日3,000人に達するほど活気があったが、1990年代後半から急速に落ち込み、一時は売上及び通行量ともに最盛期の半分にまで落ち込んだ。2002年、市街地再開発組合が中心となり、行政、商店主、市民を巻き込んでの魅力ある商店街づくりが始まった。たとえば、魅力ある商店街への転換のため、まずは「まちづくり会社」を設立、その後、行政のバックアップの取り付け、顧客ニーズにあった店舗群へのリニューアル、顧客吸引の場の創出(メインとなる憩いの場「丸亀ドーム」、医療モール、マンション、ホテル)など、次々と仕掛けづくりを行っている。今日においては、地方都市再生のお手本として注目されている。

MARKETING EYE

◆佐賀県武雄市

　武雄市は、2013年に住民サービス向上のためにTSUTAYA（CCC）の運営する図書館を開設した。図書館は海外のようなモダンな作りで、図書館内には書店やカフェなども併設され、Vポイント付きの図書カードを使うことができる。同市では、図書館や病院などを街の中核に配置し、街全体を人が集まるようなデザインに組み替え、地域活性化を街中から仕掛ける試みを行っている。

◆その他

　アニメや漫画を「まちおこし」に活用した事例が多い。「崖の上のポニョ」（鞆の浦）、「涼宮ハルヒの憂鬱」（西宮市）、「ラブライブ！サンシャイン!!」（沼津市）、「スラムダンク」（鎌倉市）、「ハイキュー!!」（仙台市）、「君の名は。」（飛騨市・高山市）、「氷菓」（高山市）、「聲の形」（大垣市）、「五等分の花嫁」（東海市）など枚挙に暇がない。特に、神奈川県や岐阜県はアニメ作品の舞台が多く、それら全てを束ねて、県をあげての聖地巡礼に力を注いでいる。

　また、アニメ・漫画関連のミュージアムも、「三鷹の森ジブリ美術館」（三鷹市）、「手塚治虫記念館」（宝塚市）、「藤子・F・不二雄ミュージアム」（川崎市）、「アンパンマンこどもミュージアム」（全国数か所）などがあり、まちおこしに一役買っている。

　その他、まんが甲子園の開催やリモート作業拠点整備でアニメクリエーターを集める高知市（アニメ映画「海がきこえる」や「竜とそばかすの姫」も高知が舞台）、砂金堀りで集客をしている山梨県身延町や北海道浜頓別町、ふるさと納税で「ラブライブ！サンシャイン!!」と連携した地場産品詰め合わせの返礼品でファンの獲得・維持を目指す沼津市など、各地域が競って工夫を凝らしたまちおこしを行っている。

地域通貨と経済・福祉

　地域通貨とは、限られた地域のみで使えるお金(そのシステム)のことである。その地域通貨を触媒にして、各地方自治体は、環境問題の解決手段、商店の販売活性化の手段、福祉サービスの充実の手段などに活用して、当該地域の活性化を狙っている。

　地域通貨は、地域の活力を取り戻す試みから1990年代後半から伸びをみせ、一時は500を超える地域通貨が誕生したが、2005年をピークに活動停止に追い込まれるものも多く、現在運用されているものは少なくなっている。欧米では大きな経済効果をあげるものもあり、特にイギリスでは国内経済の約2割を地域通貨が占めるとも言われ、実際にロンドン南部の街ブリクストンでは、各小売店やレストランでの活用だけでなく、公務員給与の受け取りや納税にまで使えるに至っている。

　そもそも地域通貨は、世界大恐慌直後の1930年代に大失業を背景にして欧米で始まった(ヴェルグルの奇跡は地域通貨を活用した代表的な地域活性化の事例と言われる)。それ以来、地域経済・流通を活発にする通貨として注目され、実際にイギリス、ドイツ、オーストリア、アメリカをはじめとする欧米諸国である程度の成果をあげてきた。その後、世界的な不況を背景にして1990年代後半からそのブームが再燃した。

　地域通貨の特徴及びメリットとして、まず第1に、地域経済の活性化を促す役割を狙っている点があげられる。その地域でしか使用できないという特性から、必然的に地域内の店舗などで商品・サービスを購入することになる。つまり、地域振興券的な効果によって地域経済の活性化を図るのである。第2に、人と人との絆を深め、助け合いの精神を促す役割・メリットを有している点である。モノのやり取りの他に、コト消費への使用や、ごみ拾い・掃除、雪かき、お年寄りの話し相手など福祉やボランティア的なサービスのやり取りに使用されるため、感謝+αの

MARKETING EYE

ツールとして活用されている。第3に、新しい仕事の創出や機会を生み出すことに貢献している点である。通常、地域通貨が使用できる提供サービスをカタログ一覧に載せて地域住民に知らしめ、それを見て利用してもらう方法をとっている。いわば、地域限定版のタウンページに無料で広告を載せ、これをビジネスチャンスとする仕組みである。

　わが国の地域通貨は、当初紙幣やコインでの使用が多かったが、近年ではデジタルが主流であり（データ収集が可能なのでマーケティングへの活用もできる）、総じて問題解決型の通貨の成功例が多い。たとえば、鎌倉市の「クルッポ」は、海岸でのごみ拾いや買い物でのエコバック持参でコインを得られ、それを使って菓子作り教室への参加、住職に愚痴を聞いてもらうなど、コト消費を通じての地域交流促進に繋げている。その他、高田馬場の「アトム通貨」、木更津市の「アクアコイン」、世田谷区の「せたがやPay」、国分寺市の「ぶんじ」、深谷市の「negi」、会津若松市の「Byacco」、東京諸島11島の「しまぽ通貨」、高山市の「さるぼぼコイン」、盛岡市の「MORIO Pay」など、多数の地域通貨が日本全国に点在している。とりわけ、アクアコインは木更津市職員の給与の一部をアクアコインに自動入金することで普及促進を図り、またさるぼぼコインはチャージごとに1％のプレミアムポイントもらえ、しまぽ通貨は10,000円分の通貨を7,000円で購入できるなど、デジタル化に対応する仕組みで普及促進を図っている。

　今後の地域通貨の展開においては、デジタル化の推進とともに、先の各地域の問題点に加え、法制度上の問題（日銀法や消費税の問題）や流通性など様々な課題も踏まえた上で、地域の経済活性化、互助精神の掘り起こし、福祉充実への貢献などの中で狙いを明確に持ちながら、その地域に合った市民手づくりの地域通貨を育む必要があろう。

第3章　ソーシャルマーケティングエリア

フィルムコミッション(FC)

フィルムコミッション(以下、FC)とは、映画、ドラマ、CMなどのロケーション撮影を円滑に行うために、ロケ地となる地域が協力して道路や公共施設の撮影許可、エキストラの手配などをマネジメントする非営利組織をいう。1969年にコロラド州政府が設立した「コロラド・フィルムコミッション」が世界初のFCとされるが、今日では、世界で相当数の組織があり、日本でも地域経済や観光振興の活性化を目指す各地域と映像関係者のニーズが一致して、2000年頃から全国でFCの設置が相次いだ。

日本のFCの起こりは、2000年に大阪府がFCを設立したのが端緒であるが、同年FC設立研究会が設立され、それが全国的に認知されたのは、2001年、映画やテレビ撮影のロケ誘致を全国の各自治体や商工会議所などが支援する全国FC連絡協議会が発足し、横浜市で設立総会が開催されたことによる。2025年現在、特定非営利活動法人ジャパン・フィルムコミッション(2009年に全国FC連絡協議会から移管・設立)加盟FCは全国およそ130団体を数え、非加盟FCも含めれば約400団体にものぼる。

今日では日本映画の約8割がFCを活用するなど、FCは市民権を得た状況であるが、それに乗じて「地域活性プランニング」などは、「ロケなび」でロケ隊とロケを誘致したい地域をマッチングさせるサービスを展開し、さらには地域・FCと旅行会社を巻き込んだロケ地ツアーを企画・販売したり、FCの最新情報を盛り込んだ雑誌『ロケーションジャパン』を発刊するなど、新たなビジネスモデルを構築する会社も出ている。

日本の各FCの基本的なスタンスは、自治体や商工会議所が支援する公的かつ中立的な組織のあり方を堅持することであり(たとえば、作品内容でロケを拒まないなど)、また撮影隊にワンストップサービス(撮影上の全ての便宜サービス)を提供することである。とりわけ、2001

MARKETING EYE

年以降、茨城、新潟、名古屋、神戸、姫路、滋賀、香川、佐賀、長崎などでは、その利便性や魅力度が高いことを受けてロケ依頼が増えている。

　たとえば、映画『交渉人 真下正義』の中で暴走する列車のシーンに神戸市営地下鉄が用いられた。当初、他の自治体にも打診したが撮影許可が下りず、結果として神戸市が撮影を許可することでロケが行われた。このシーンでは、深夜時間を活用して地下鉄職員とその家族らが乗客役を務めるなど、市民との協力体制も万全であった。さらに、映画『リターナー』では規制されている夜の神戸港湾上空でのヘリコプター飛行を実現させ、映画『ゴジラFINAL WARS』では神戸空港島への連絡橋を封鎖するなど、いずれも神戸市及び神戸フィルムオフィスの柔軟な対応が決め手となった。また姫路FCやなごや・ロケーション・ナビでは、積極的なロケ誘致で多くの映画ロケに成功しており、滋賀FCでは時代劇なら滋賀よろしく、時代劇映画のロケ誘致に成功している。その他、日本で撮影し現地で空前のヒットとなった、タイ映画「TIME LINE」(鹿島市撮影)、中国映画「狙った恋の落とし方。(非誠勿擾)」(釧路市他撮影)、日本・トルコ合作映画『海難1890』(茨城県／淡路島撮影)などの公開をきっかけに、そうしたロケ地では外国人の観光ブーム(ロケツーリズム)を巻き起こしている。

　日本でのFCの活発化の背景には、地域の情報発信ルートの拡大、撮影隊が支払う「直接的経済効果」、作品を通じての観光客の増大、映画・テレビを通じての地元住民の文化レベルの向上などの狙いがある。さらには、日本でロケを行う際の困難性の解消、海外映画関係者への日本ロケの大々的な売り込み、都市の国際化や映像文化の振興促進、映画制作における国際競争力の向上などの狙いもある。現在、文化庁は全国ロケーションデータベースを構築し、ロケ地の紹介・選定をスムーズにするた

MARKETING EYE

めの支援づくりを行っている。

　しかし、FCの活発化の一方で、幾つかの課題も出てきている。第1に、地域・FCと映像関係者側とのトラブルである。トラブルの事例としては、電源の無断使用や違法駐車、撮影の遅延やキャンセル、製作者側のFCの便利屋扱いなど多岐にわたる。第2に、FC過多による淘汰の危機である。ここ数年の間に急速に発展したFCだが、設立することで逆に地域の重荷になるケースや同一地域間での競合も生じてきている。これにより早くも撤退や方針転換を余儀なくされるFCも出てきている。第3に、観光地情報とロケ地情報のミスマッチである。各地域からすれば観光地＝ロケ地と勘違いしがちであり、FCの提供する情報が観光地情報とどう違うのかが不明確になっている場合が生じてきている。第4に、FC同士の横断的な連携の必要性である。この点を鑑みて、経済産業省は、地域プロデューサーが中心になって各地方自治体や企業、交通機関などを横断的に連携させる、ロケ支援組織モデルの提唱を行っている。

　大掛かりな撮影を許可するアメリカや韓国と比べると日本の映画産業の遅れは否めないが、ここで述べた日本のFCの展開は、日本の映画産業の起爆剤として、また閉塞状態の続く自治体のブレイクスルー・ツールとして、その存在がますます重要視されていくと考えられる。それゆえ、自治体はFCの展開をさらに意味あるものにするためにも、市民をはじめとして競合FC、映画関係者、企業、交通機関などを巻き込んだ、総合的な連携活動を展開していくことが成功の鍵となろう。

MARKETING EYE

≪主なフィルムコミッションとその支援作品≫

FC 組織	作 品
はこだて FC	糸、世界から猫が消えたなら、引き出しの中のラブレター 他
釧路市観光振興室	ハナミズキ、僕等がいた、狙った恋の落とし方。(中国) 他
信州上田 FC	シンペイ、最初の晩餐、閉鎖病棟、白線流し 他
せんだい・宮城 FC	余命10年、重力ピエロ、ゴールデンスランバー 他
いばらき FC	海難1890、夜のピクニック、着信アリ 他
いすみ外房 FC	万引き家族、AI崩壊、最高の人生の見つけ方 他
ぐんま FC	翔んで埼玉、ラストマイル、傲慢と善良 他
東京ロケーションボックス	東京リベンジャーズ、マスカレードホテル、踊る大捜査線 他
湘南藤沢 FC	海街 diary、真夏のシンデレラ、大病院占拠 他
富士の国やまなし FC	さよならマエストロ、ソロモンの偽証、ツナグ、火花 他
なごや・ロケーション・ナビ	ディアファミリー、虎に翼、VIVANT、ビリギャル、SP、亜人、ジェネラルルージュの凱旋、三度目の殺人 他
とよはし FC	VIVANT、陸王、LEADERS、みんなエスパーだよ 他
滋賀ロケーションオフィス	ちはやふる、君の膵臓をたべたい、るろうに剣心 他
神戸フィルムオフィス	交渉人真下正義、リターナー、ゴジラ FINAL WARS 他
姫路 FC	ラストサムライ、大奥、関ケ原 他
香川 FC	八日目の蟬、世界の中心で愛をさけぶ 他
広島 FC	ドライブマイカー、ミステリと言う勿れ 他
ふくやま FC	正欲、銀魂、潔く柔く、ウルヴァリンサムライ 他
下関 FC	サバイバルファミリー、四日間の奇蹟、海猿 他
長崎県 FC	サバカン、きみの色、シン・ウルトラマン、アオハライド 他
佐賀県 FC	TIME LINE(タイ)、悪人、図書館戦争 他
沖縄フィルムオフィス	カフーを待ちわびて、ラフ、涙そうそう 他

第3章 ソーシャルマーケティングエリア

メイド・イン・刑務所

　刑務所で製作された商品が一般に流通していることはあまり知られていないが、数多くの製品が優れた技術で生産されていることが分かる。ここでは、刑務所作業製品に関わるマネジメントについてみていく。

　刑務所作業製品（CAPIC製品）とは、74の刑事施設（刑務所、少年院、拘置所）の行刑施設において実施されている刑務作業で製造された製品の総称である。刑務作業とは、刑罰の執行であると同時に、受刑者に技能を身に付けさせ、勤労意欲を持たせる教育を目的としたもので、およそ3.2万人が就業していると言われている（改正刑法に基づき2025年6月から、懲役と禁錮は拘禁刑に一本化）。作業は、生産作業、職業訓練、自営作業（刑務所内の炊事・洗濯・掃除・修理など）に分かれ、そのうち生産作業と職業訓練が収入源となっている。生産作業は、木工・印刷・洋裁・金属・革工・農業など多分野があり、職種は年齢、服役期間、体力など受刑者の適性に応じて割り振られる。受刑者の更正に加え、出所後の生活設計を支援する目的で行われている。また、職業訓練は、溶接、電気工事、部品組立て、ボイラー運転、機械操作、理容・美容、情報処理、介護サービスなど数十種目を実施しており、出所後に社会に対応できるような訓練を行っている。

　一般に受刑者のつくる刑務所作業製品ときくと、質が悪いとか地味だといったマイナスイメージが先行するが、どの製品も市価よりも3割ほど安く、デザインやつくりも優れた製品が多い。現在、製作種類も全国合わせて4,000種類以上あり、売上はコロナ明けから回復傾向にある。また、通常よりも安くて良質の製品を作ることができるため、刑務所に作業を依頼する企業は2,000社を超え、機密性の高さを利用して入試問題の印刷を任せる大学も多い。

MARKETING EYE

　今後も犯罪者増の影響から刑務所が増える可能性があり、その売上が伸びるという皮肉な結果が予想され、いまや刑務所作業製品は大きなビジネスとなっている。売上は、施設運営費と作業賞与金（出所時に受刑者に支給されるお金で、服役中に月平均5,000円ほどが支給され、日用品の購入や家族宛ての送金にも使用でき、熟練工になれば作業賞与金は高くなる）を差し引いて国庫に納付される。

　その製品の特徴としては、まず第1に、風土などを活かした「郷土色」が強く表れている点である。たとえば、旭川・函館のホタテ網、帯広のカヌー、網走の民芸品や馬鈴薯、松本の一刀彫製品、神戸の紳士靴、岩国の洋服の縫製など地場産業に根ざした製品が見受けられる。第2に、青森の津軽塗、盛岡の南部鉄器、姫路のコマ、岡山の備前焼、山口の萩焼、徳島の藍染め製品、佐世保の有田焼など、伝統工芸を刑務作業として取り入れている点である。このことは、後継者不足に悩む伝統工芸の継承にも一役買っている。近年では、受刑者が作る伝統工芸品などを、ふるさと納税の返礼品にする自治体も出てきている（青森・津軽塗タンブラー、笠松・七宝焼ブローチ、美祢・猫の寝床など）。第3に、施設の性格によって作業を変えている点である。たとえば、岩国のガラス細工や縫製、栃木・和歌山の衣料縫製などは器用さの必要性を鑑みて女子刑務所が担当し、国際法務総合センターや岡崎などの医療刑務所では陶芸も行っており、土に触れることで受刑者の心の癒しに活用されている。

　このように、それぞれの刑務所は知恵を絞り、質の良いマネジメントを展開していると言えようが、課題点がないわけではない。

　まず第1に、確実な製品の受注を得るために、マーケティング・リサーチによって発注企業と利用顧客のニーズの把握を徹底的に行う必要がある。刑務所の製品だからといって、単に作るだけの作業に終わってしまっ

MARKETING EYE

ては作業者及び顧客双方のためにならない。少なくとも市場の求めているものを理解し、生産していくことが重要である。

　第2に、消費者ニーズに合わせた製品づくりと同様に、時代の状況やモードに合わせることも重要である。たとえば、現在であれば、市場において環境志向、福祉志向、高齢者・障がい者対応などのモードが強く流れているが、尾道の介護用製品の考案のように、時代の状況やモードにより適合した商品づくりが求められる。とりわけ、高齢受刑者の多い刑務所では、自身のためにも高齢者対応製品の考案・制作に従事するなど工夫の余地は非常に大きいと言えよう。

　第3に、全体的に郷土色を強めたり、あるいは刑務所作業製品のブランド化を進めるような工夫が必要である（函館では㊮マークの商品がお土産品として人気となっている）。

　第4に、民間事業者や公的機関からのさらなる支援の必要性である。たとえば、ワイン醸造所・牛久シャトーが牛久市の支援を受け茨城農芸学院（知的能力に制約のある少年を収容する少年院）とコラボしてワインを制作したり、奈良少年院は奈良市のフードバンク事業に参加し、ニーズの高い野菜を栽培・販売している。また、美祢社会復帰促進センターなどのように、行刑施設の管理を民間事業者に任せる動きもある（囚人服にICタグを付けて管理、鉄格子でなく強化ガラスを使用、テレビモニターで管理などを配している）。このように行刑施設の維持には、社会全体で支援する仕組みが不可欠である。

　いずれにせよ、問題点及び課題点の整理・検討は、刑務所という閉鎖的な場所であっても、行政主導型マネジメントの展開によってより効率的で有益なものを生み出す可能性を秘めていると言える。

MARKETING EYE

≪刑務所における主な作業製品とその特徴の事例≫

刑務所名	主な作業製品とその特徴
旭川刑務所	タンス、ホタテ網などの製作
帯広刑務所／釧路刑務支所	小豆・馬鈴薯の生産、ウッドカヌーなどの製作
月形刑務所	家具全般やトマトジュースの原材料を委託生産
網走刑務所	木工民芸品の製作、馬鈴薯・肉牛などの生産
札幌刑務所／札幌刑務支所（女子）	家具全般、牛革のゴルフシューズなどの製作
函館少年刑務所	前掛け、ブックカバー、手提げ袋などの製作
青森刑務所	タンスや書棚、津軽塗の箸やタンブラーなどの製作
盛岡少年刑務所	南部鉄器、小物入れ、家具全般などの製作
秋田刑務所	家具や桜皮細工などの製作
宮城刑務所	仙台タンス、鎌倉彫風の木工製品などの製作
山形刑務所	キャビネット、ラックなどの製作
福島刑務所／福島刑務支所（女子）	福島民芸品のタンスなどの製作
水戸刑務所	救急箱、まな板、すし台などの製作
茨城農芸学院（少年院）	牛久ワイン醸造所とコラボした牛久ワインの制作
黒羽刑務所	照明器具、グラス、日光彫家具などの製作
栃木刑務所（女子）	結城紬、エプロン、作務衣などを製作
前橋刑務所	馬蹄形の小銭入れなどの製作
市原刑務所（交通）	米味噌や本仕込み醤油などの生産
千葉刑務所	高級桐タンス、高級紳士靴などの製作
横浜刑務所／横須賀刑務支所	キッチンクロス、粉末石鹸、洗剤などの製作
国際法務総合センター（昭島に集約）	作業療法として、紙細工、窯業、園芸などを実施
府中刑務所【日本最大】	財布、バッグ、プランターなどの製作
甲府刑務所	ソファー、革製品、座布団、ぬいぐるみの製作

第3章　ソーシャルマーケティングエリア

MARKETING EYE

新潟刑務所	イヤリング、箸、凧、茶器などの製作
松本少年刑務所	多岐にわたる一刀彫民芸品などの製作
長野刑務所	ベルト、枕、婦人靴などの製作
静岡刑務所	タンス、お盆などの製作
笠松刑務所（女子）	ペンダント、薬入れ、七宝焼ブローチなどを製作
岐阜刑務所	整理ダンス、整理箱などの製作
名古屋刑務所／豊橋刑務支所（女子）	机、椅子、傘などの製作
岡崎医療刑務所	陶芸品製作（土に触れることで癒し効果を狙う）
三重刑務所	コンロ、バーベキューグリル、文具などの製作
福井刑務所	キッチン用品、リビング用品などの製作
金沢刑務所	縫製、印刷などの作業
富山刑務所	井波彫刻、法被や神輿などの製作
滋賀刑務所	布団カバー、まな板などの製作
京都刑務所	手提げ袋、作務衣、折り紙などの製作
奈良少年院	ニーズの高い野菜を栽培しフードバンクを通じて提供
大阪刑務所	花台、数珠、香炉台、硯箱などの製作
大阪医療刑務所	組み立て作業など
神戸刑務所	紳士靴などの製作
姫路少年刑務所	花台、漆塗りの姫路独楽などの製作
加古川刑務所（女子）	応接セット、学習用テーブルなどの製作
和歌山刑務所（女子）	エプロン、かっぽうぎ、お手玉などの製作
松江刑務所	まな板、竹刀袋などの製作
岡山刑務所	備前焼、雛人形、キャンドル台などの製作
広島刑務所／尾道刑務支所（高齢者）	タンス、下駄、雪駄、介護用品などの製作

MARKETING EYE

広島少年院	栽培した野菜を「一緒懸命野菜」として販売
鳥取刑務所	ベルトなどの牛革・皮革製品を製作
山口刑務所	萩焼、バーベキューセットなどの製作
岩国刑務所（女子）	子供服、寝着、グラスなどのガラス工芸の製作
徳島刑務所	藍染め製品や剣道防具、靴などの製作
高知刑務所	サンゴの穴開け、土佐檜の家具などの製作
松山刑務所／西条刑務支所（女子）	プランター、ベンチ、ラックなどの製作
高松刑務所	香川漆器、墓石、食器などの製作
福岡刑務所	民芸ダンス、紳士靴、BBQセットなどの製作
北九州医療刑務所	紙袋製作、窯業、ビーズ通し作業など
麓刑務所（女子）	タイピン、ストラップ、キーホルダーなどの製作
長崎刑務所	漆器、小物製品などの製作
熊本刑務所	肥後象がん、タイピン、カフス、文鎮などの製作
大分刑務所	すのこ、碁盤、太鼓、ガラス製ペンなどの製作
宮崎刑務所	屋久杉の飾り棚、高級家具、灯篭などの製作
鹿児島刑務所	書棚などの製作、お茶の生産
沖縄刑務所／八重山刑務支所	ラック、トイレットペーパー入れなどの製作
美祢社会復帰促進センター（女子）	データ入力、編集作業、野菜栽培、猫の寝床など
喜連川社会復帰促進センター	野菜栽培、クリーニング作業など
播磨社会復帰促進センター	データ入力、野菜栽培、アニマルセラピーなど
島根あさひ社会復帰促進センター	茶葉や野菜栽培、石見焼や石州和紙などの製作

第3章 ソーシャルマーケティングエリア

犯罪防止のためのマネジメント

◆防犯ビジネス

　警察庁犯罪統計資料によれば、十数年前に比べて、現在の犯罪件数は高止まりしており、検挙率も世界的にはそれほど高くない状況である。近年の特徴としては、ひったくり、侵入盗、強盗、詐欺などの犯罪が急増しており、ここに係る警戒と防犯体制が必要とされる。近年では、こうした犯罪状況を背景に防犯ビジネスは国内で1兆円を突破し、撃退用グッズ、防犯カメラ、検知センサーなどの機器の製造・販売をはじめとして、警備サービス、防犯灯、防犯ガラスを含めた防犯施工などその領域は広がっている。とりわけ、国内各メーカーのドーム型防犯カメラは国内外で好調な売れ行きを見せており、AIを駆使した顔認識システムと掛け合わせれば、デパートの入り口で顧客の購買行動を分析することも可能になっている。

◆警察マーケティングの必要性

　近年の犯罪状況に伴い、警察庁は警察官の増員を進めてきた。しかし、犯罪防止に対して警察官を増員さえすればよいというものでもない。同時に、各地域コミュニティとの密接な連携づくり、年功序列システムの変更、民間人登用を視野に入れた能力主義の部分的導入、犯罪箇所に合わせた交番配置の見直し、空き交番の解消、警備など大量人員を要する分野での積極的な民間委託、犯罪データベースを活かした科学的な相関分析、あらゆる領域での知識や計画能力の向上、コスト意識の徹底など様々な領域でのマーケティング活動が必要となろう。

◆犯罪連鎖の断ち切り

　一見、独立した事件にみえても、実は連鎖的に起こっているという興味深い見方がある。換言すれば、犯罪には必ずその遠因となる前段階があり、一種の犯罪の連鎖を形成していると考えられるのである。事実、

MARKETING EYE

ひったくりが多かった大阪市では、当初ひったくり自体の検挙率をあげることに躍起になっていたが、ほとんどのひったくりに使用されていた盗難オートバイの取り締まりを強化することに方針を転換したところ、ひったくり犯罪が目に見えて減ったという。つまり、ひったくり犯罪の入り口を集中して取り締まる（犯罪連鎖を断ち切る）ことで、そこから広がる犯罪の可能性を摘み取ったのであった。また、札幌市では違反回数の多い車のナンバーを割り出し、狙い撃ち的な取り締まりで犯罪件数が激減したという。およそ違反回数の多い車によって別の犯罪が生み出されると考え、その犯罪の連鎖を断ち切ることで犯罪を防止した結果と言える。さらには、米ニューヨーク市では、まずは街の浄化（落書き消しや割れ窓の修繕など）からはじめることで、様々な犯罪の可能性を摘み取ったという話もある。

◆**コミュニティ活性化による防犯対策**

犯罪増加の要因のひとつに、特に都市部の地域コミュニティが崩れ、相互の監視体制が効かなくなった点があげられる。地域コミュニティの再構築は犯罪防止の原点とも言える。近年ではコンビニがライフラインとしての役割を犯罪防止にも広げ、かけ込み寺的な役割を果たしているし、また都市部では相撲部屋やボクシングジムなどとも連携しながら自警団を再構成するなど、ユニークな犯罪防止の取り組みが始まっている。さらには、大規模マンションなどではネット掲示板の活用や自治会の活性化も進められている。

41 医療機関のマネジメントを取り巻く環境要因

　医療機関におけるマネジメントの必要性の背景（環境要因）は次の点にまとめられる。医療機関のマネジメントはこれらの点に留意しつつ進めていく必要がある。

◆高齢化時代の到来

　高齢者人口の増加に伴う医療需要の高まりと、介護及び高齢者医療の負担増などが医療機関のマネジメントの必要性に拍車をかけている。厚生労働省によれば、65歳人口は2025年に人口全体の約30％、2040年には約35％にまで上昇すると試算されており、今後、医療需要や医療負担が大きくなると予想されている（2023年の医療費は47兆円に達している）。つまり、それらに応じたマネジメント活動が必要とされよう。

◆疾病の多様化

　近年、患者の疾病状況は非常に多様化している。とりわけ、新型ウイルスをはじめ難病の増加傾向が顕著で、それに伴って高度医療の重要性が高まっている。また、生活習慣病が増加しており、急性期から慢性期への診療体制とともに、掛り付け医の重要性がクローズアップされつつある。一方で、予防医療への期待も大きく、全体としてはトータル医療の考え方が主流になりつつある。したがって、疾病の多様化によって、それに合わせたマネジメントが必要となっており、医療機関の舵取りが試される状況になっている。

◆財政難

　医療機関では慢性的な財政難からの脱却、経営効率への対応、医療サービスに関わるアイディアの創出など内在的問題の解決手段としてマネジメントの必要性が求められている。現在、約7割の医療機関（病院）が赤字だとされる深刻な状況において、医療機関は経営改革に真剣に取り組み始めている。

MARKETING EYE

◆**医療サービス提供の構造変化**

　近年、地域社会を中心とした医療サービス提供の構造変化が顕著である。たとえば、20万人前後の中核都市などでは、大病院を一つの核として、大病院と周辺クリニックとの連携が密接になり、地域社会全体の利益を考えた医療サービスの提供が模索されているケースが多い。また、その延長線上に地域医療と福祉のネットワーク構築も進展している。その他、院内外を問わず病診連携の重要性も同時にクローズアップされている。

◆**患者ニーズの多様化と競争概念の台頭**

　市場競争の進展による顧客志向へのシフトに伴って、医療にかかるマネジメント活動の必要性が高まってきている。一方で、医療機関に対する患者ニーズは拡大と同時に多様化しており、患者の医療知識も以前に比べ向上している。その状況は、医療機関が患者（家族を含む）から厳しい選択（選択基準の多様化も含めて）にさらされることを意味している。さらに、医療における市場競争の台頭は他業種を含めた市場参入者の増大を促し、医療市場では競争がかつてないほどのスピードで活発化している。

◆**法的規制**

　ここ数年来、医療法改正や診療報酬改定など法的規制の変化がマネジメントに大きなインパクトを与え、その活動をより活発化させる要因となっている。また、コンプライアンス（法令遵守）の重要性が叫ばれ、一方で個人情報保護法（2005年）が施行されるなど、医療サイドにかかる関連法規制の影響も見逃せない。さらに、医療機関にとっては、医事関連訴訟の厳格化かつ複雑化もリスクマネジメントのあり方を根本的に見直す契機となっている。

MARKETING EYE

◆労働市場の変化

　医療にかかる労働市場の構造変化として、医師の高齢化や激務による疲弊はあらゆる点で影を落としている。たとえば、若手の育成や院内マネジメントの責を担っているのは主にベテラン医師であり、本業であるはずの医療行為に支障を来たすケースもある。このことは、病院の高い離職率を助長させている要因ともなっている。ようやく育成した医師が他病院に移籍したり、開業したりするケースも頻繁にある（医師不足とよく耳にするが、実際は勤務医不足が正しい現状である）。また、医師の地域偏在や診療科偏在も深刻視すべき問題としてある。地域偏在としては、都市と過疎地域との医療格差の拡大が問題視され、診療科偏在としては、小児科医師が極端に足りないという問題が取り沙汰されている。さらに、近年では、看護師をめぐる労働市場問題も生じている。これらの労働市場の変化がマネジメントに与える影響は少なくない。

◆その他の環境要因

　その他の環境要因には、施設と設備の老朽化の問題、医療費削減の圧力、医療経営人材育成の必要性、社会保障ニーズの多様化と保険者機能の変化、私的保険へのニーズの高まり（私的保険者の台頭）などが考えられ、これらも医療機関がマネジメントを必要とする環境要因となりつつある。

The 19th hole ⑥
小木語録

　手前味噌だが、これまでマーケティングの講義において、学生や研修生らに好評を得たフレーズが幾つかあったようである。教師冥利に尽きるのだが、それらを、ここでは「小木語録」と呼ぼう。小木語録は、自身が決め台詞的に使うフレーズもあれば、半分請け売り（他人が出所）で使うフレーズもあり、さらにはその時に思いつきで発したフレーズもある。とにもかくにも、学生や研修生から、そうした数々の語録をひとつにまとめてほしいとの意見が多数あったため、調子に乗ってこのコーナーでまとめてみることにした。

- 「批判的精神の重要性」
- 「百聞は一見に如かず、百見は一考に如かず」
- 「知識は聞いたその時から陳腐化する」
- 「思い込みを常識へ、感情を情熱へ、知識は知恵を生み出す力である」
- 「好調な時こそ、次の一手が大事である」
- 「ピンチはチャンス、チャンスはピンチ」
- 「"絶対"、"とりあえず"、"一応"という言葉はできるだけ使わない」
- 「マーケティングは教養がすべて」
- 「伝えるということは、相手が理解してはじめて伝わったといえる」
- 「私は、(80歳で死ぬとして)あと2万食弱しか食べることができない」
- 「マーケティングにおいては、失敗事例にこそ面白さがある」
- 「売上＝満足ではない、非満足を見つければそこにチャンスがある」
- 「"ホスピタリティ"、"配慮"、"マナー"は大事である」
- 「"やればできる"は間違い、やればできるというのであればなぜやらない」
- 「すぐに答えは求めず、まずは考え、そして行動すること」
- 「ラスト・ワンマイルを考えろ」
- 「陰で言うのは悪口、直接言うのはアドバイス」
- 「すべてにおいて"姿勢"が大事」

他多数

＊上記の小木語録は、これまでに学生や研修生らにアンケートをとり、反響が大きかったものをピックアップした。

医療分野におけるマーケティング領域とその問題点

　近年、医療分野においてマーケティングの重要性が高まり、関係者との会話の中でもマーケティングという言葉をよく耳にするようになった。マーケティングへの過度の期待も見受けられるが、確かに、病院、医薬品メーカー、医薬品卸売業、保険薬局、ヘルスケアビジネス、医療器具メーカーなど多くの領域においてマーケティングの必要性を垣間見ることができる。ここでは、医療分野におけるマーケティング領域とその問題点について整理していきたい。

　医療分野においても他の業界と同様に、マーケティング上の問題のほとんどが「4つのP」の領域に集中している。大まかではあるが、病院・その他の医療機関におけるマーケティング領域と諸問題を整理すると次の表のようになる。

≪病院・その他の医療機関におけるマーケティング領域と諸問題≫

病院経営	効率運営、人的資源管理、経営財務、アライアンスなど
顧客対応・顧客サービス	サービス開発、顧客応対・病院食・待ち時間の改善など
顧客情報管理・CRM	カルテ管理、顧客のデータベース化及びデータマイニングなど
広告・プロモーション	規制緩和による広告・販売促進活動の開発など
その他	価格政策、クレジットやポイント支払い、病院評価への対策、顧客満足の向上、市場調査など

　特に病院経営においては、市場競争にさらされている一般民間企業に比べていまだにマーケティング志向が低く、経営的観点の欠如を痛感することが多い。たとえば、顧客の情報管理（データベース化やデータマイニング）、サービス創出・開発、人的資源管理、経営財務、流通の効率化、戦略的アライアンス、広告・販売促進活動などあらゆる点で検討・改善の余地が大きい。

MARKETING EYE

　ある総合病院で次のような事例を耳にしたことがある。その病院は、マーケティング志向の向上を目的にして顧客の誘引や関係性構築のために、これまで通院・入院していた患者へのフォローアップのダイレクトメールを出したが、1週間後数組の家族が怒鳴り込んできたという。聞けば、ダイレクトメールの受け手（元患者）は既に亡くなっており、しかも当該病院で亡くなっているとのことだった。自身の病院で亡くなったことも認識せず（調べず）、ただマーケティング志向の向上のためにはダイレクトメールだと勘違いし、遺族の気持ちを逆なでした結果、将来の顧客を失い、評判そのものを落としてしまった最悪のケースである。これは、とりもなおさず顧客の情報管理が厳格になされていないことを物語るものであり、真のマーケティング戦略を見誤った結果と言えよう。

　これまでの医療分野において、マーケティングという市場競争のツールが用いられなかった最大の理由としては、総じて当該分野が国の保護規制下で長期間にわたって守られ続けてきた点が大きい。しかしながら、今日的な流れの中で、医療分野でさえも市場競争にさらされるようになり、その結果、必然的に市場競争のツールとしてのマーケティングの重要性が高まってきたと言えよう。

　他の業界と同様に、医療分野においてもマーケティングの4P戦略の活用が求められている。医薬品メーカー、医薬品卸売業、保険薬局、ヘルスケアビジネス、医療器具メーカーにおけるマーケティング領域とその問題点を整理してみたのが次の表である。とりわけ、顧客のデータベース化とデータマイニング、詳細な市場調査、戦略的アライアンス、広告・販売促進活動の推進、エリア・マーケティングの展開などは今日的なマーケティングの中でも極めて重要な戦略であるが、こうした戦略を各業界の特性に合わせながら効果的に展開していく必要があろう。

MARKETING EYE

≪医薬品メーカー・卸売業・薬局におけるマーケティング領域と諸問題≫

医薬品・医療情報サービス	新製品開発、顧客へのアドバイス、安全性向上など
顧客情報管理・CRM	顧客のデータベース化及びデータマイニング、市場調査など
広告・プロモーション	アローワンスの改善、医薬情報担当者の活用など
流通政策	マーチャンダイジング、配送システム、サプライチェーンなど
価格政策	薬価差の改善、価格の安定化・柔軟性など
戦略的アライアンス	共同製品開発、合併・提携など
その他	エリア・マーケティングの展開など

≪ヘルスケアビジネス・医療器具メーカーにおけるマーケティング領域と諸問題≫

製品政策	新製品・新サービスの開発・提供、戦略的アライアンスなど
顧客情報管理・CRM	顧客のデータベース化及びデータマイニング、市場調査など
広告・プロモーション	業界特性に合わせた広告・販売促進活動の推進など
流通政策	マーチャンダイジング、サプライチェーンなど
価格設定	適正な市場競争価格の把握など
その他	エリア・マーケティングの展開など

The 19th hole ⑦
マーケティングにおけるカタカナ語の功罪

　文化庁の近年の調査によると、会話・文章などの中にカタカナ語が氾濫しているとともに、その語意の理解度には相当なばらつきが出始めている。確かに「ストレス」「リサイクル」「マーク」「チェック」など、多くのカタカナ語が一般の会話の中で違和感なく使われており、最近では時代劇でさえもそれらを耳にすることがある。また、つい先達ても、家族と会話する時にカタカナ語を使わないでどれだけ話を続けられるかという簡単な遊びをしたところ、数分も経たないうちに、その遊びが成立しなくなってしまったこともあった。こうした今日的な状況は、カタカナ語なしでは日常会話に支障を来たすほど、多くのカタカナ語が生活の中に入り込んできていることを表している。

　一方、カタカナ語依存の状況にあって、わざわざカタカナ語を使わずとも日本語ですむ場面によく出くわす。「ディスカッション」(議論)、「リテラシー」(読み書きなど基本的な能力)、「チャージ」(充電、補給)などがそれである。

　しかしながら、この現象に対しては若干身につまされるところもある。自身の専門領域の「マーケティング」は、こうした氾濫するカタカナ語の宝庫であるからに他ならない。それは、マーケティングという学問名自体が英語であることにも象徴されているが(大学でもカタカナ語がそのまま科目名となっているのは珍しい)、元来マーケティングは「Market」+「ing」から生じた造語であり、日本においては戦後初めてアメリカから導入された概念であるために、マーケティングそれ自体も、その中で使われる用語も、英語(カタカナ語)としてそのまま用いる必然性(特性)を伴っていたのである。

　いま改めて振り返れば、筆者自身、授業や企業研修や講演で、カタカナ語が多く入り混じった講義をしていると反省しつつも、マーケティングの特性や時代の趨勢としてはそれも致し方なしかとの考えもある。日々「悩み」との戦いであるが、常に相手側の考え方に立つという顧客志向だけは忘れずに、分かりやすく説得力のある講義を心掛けていきたいと思っている。

43 国内における製薬メーカー及び医薬品卸売業の再編成

　近年の国内の製薬メーカーの再編成は、外資系企業からの買収を自己防衛する手段として、あるいはメーカー間の過当競争の回避の手段として行われてきた（国内業界1位の武田薬品工業でさえ世界トップ10外）。その端緒として、まず2005年4月には山之内製薬と藤沢薬品工業が合併して当時業界2位のアステラス製薬が誕生した。また同年8月には第一製薬と三共が合併して業界4位の第一三共が（2007年完全統合）、同年10月には住友製薬と大日本製薬が合併して大日本住友製薬（2022年住友ファーマに変更）が、2007年10月には田辺製薬と三菱ウェルファーマが合併して田辺三菱製薬がそれぞれ誕生した。2009年には大塚ホールディングスが大鵬薬品工業を合併し業界2位になり、さらに業界1位の武田薬品工業はミレニアムファーマシューティカルズ、ナイコメッド、URLファーマ、シャイアーを買収、業界5位のエーザイはMGIファーマを買収、また協和発酵キリンは滝野川産業を吸収合併するなど次々と医薬品メーカーの再編が進んだ。

　一方、厳しい経営環境におかれている医薬品卸売業の業界地図も大きく変化している。業界1位のメディセオ・パルタックHD（2009年メディパルHDに名称変更）は、もともとクラヤ薬品、三星堂などが合併を繰り返して2005年再編されたものである。また、業界2位のアルフレッサHDは、アズウェルと福神などが合併を繰り返して2003年に再編されたものである。その後、メディパルHDとアルフレッサHDは統合を目指したが、公正取引委員会の審査が必要との指摘から、急遽統合を解消した。業界3位のスズケングループは、全国の中小卸売を子会社化し、さらにはアジア各地で合弁会社を設立するなど、再編を進めている。

　このように、製薬メーカー及び医薬品卸売業の再編成は、単なる統合や提携ではなく、相互のメリットを活かし合う再編成になっていること

MARKETING EYE

も興味深い。今後、各社は医薬品以外の部門の整理や生産拠点の統廃合などを進める一方で、外資系企業も巻き込んで、縦横無尽なアライアンスによって、生き残りを図っていくと考えられる。

年	製薬メーカーの再編成内容
2005年	山之内製薬と藤沢薬品工業が合併しアステラス製薬（業界2位）に
2005年	第一製薬と三共が合併し第一三共（業界4位）に（2007年完全統合）
2005年	住友製薬と大日本製薬が合併し大日本住友製薬に
2007年	田辺製薬と三菱ウェルファーマが合併し田辺三菱製薬に
2009年	協和発酵キリンが滝野川産業を吸収合併
2009年	大塚HD（業界2位）が大鵬薬品工業をグループ傘下に
2019年	武田薬品工業（業界1位）がシャイアーを買収

医薬品卸売業	再編に関わる企業及び再編にかかる事項
メディパルHD	クラヤ、三星堂、千秋、アトル、エバルス、チヤク、パルタック、丸善薬品、コバショウ、アステックなど 2009年アルフレッサHDとの統合計画解消
アルフレッサHD	アズウェル、福神、大正堂、ダイワ、成和、明祥、小田島、シーエス、茂木薬品、安藤、常盤薬品、日本アポックなど 2009年メディセオ・パルタックHDとの統合計画解消
スズケングループ	スズケン、ドーエメディックス、秋山愛生舘、オオモリ薬品、サンキ、アスティス、沖縄薬品、翔薬、中央運輸など 中国、韓国に合弁会社を設立

医薬品流通におけるメーカー及び卸売業の動向

◆医薬品流通における医薬品メーカーの動向

　製薬メーカーの再編成の中で、流通においても医薬品メーカーの動向をみることができる。日本の医薬品メーカーの卸諸機能は非常に高いレベルにあるが、今後、中・長期的には物流の効率化及びスリム化、医療機関や保険薬局への情報提供サービスの充実、価格政策やプロモーション戦略の見直し、ジェネリック医薬品への対抗策の検討などが整備されていくと考えられる。とりわけ、卸売業者に対する物流は、医薬品メーカーの物流センターの縮小やアウトソーシング化による自社機能からの切り離しが行われ、物流機能で差別化を図る傾向は徐々に小さくなっていくと考えられる。

　また、医薬品メーカーによる流通情報サービスのあり方も変化すると考えられる。たとえば、医薬情報担当営業員（MR）の訪問、くすり相談窓口、ホームページなどによる基本的な情報サービスの提供の仕方は変わらないであろうが、将来的にはホームページによる情報提供のウェイトが高まり、さらに情報サービスの内容がより個別・階層化されると考えられる。MRの役割は、医療関係者と医薬品メーカーとの関係性づくりや、医療現場に潜在する新たなビジネスチャンスの発見のためにより重要になると考えられ、数というよりも質の高さが求められよう（とりわけ、男性MRがほとんどの中で、今後は独自の感性を活かした女性MRの活躍が期待される）。

◆医薬品流通における卸売業の動向

　医薬品流通における卸売業の動向は、次の4点にまとめられる。

　第1に、卸売業間の系列化や合併・業務提携が進み、上位数社のシェアは80％を超え、今後も厳しいシェアの獲得や価格競争との兼ね合いから再編はさらに進むと考えられる。中長期的には、全国規模で医療機関

MARKETING EYE

や保険薬局の全てをカバーするフルライン卸売業へと集約され、シェアや価格の競争は小康状態になると考えられる。

　第2に、医薬品卸売業の物流においては、これまで流通コストを圧迫していた小口配送への効率的対応が求められよう。情報技術を活かした在庫管理・受発注システムの構築、大規模物流センターの設置、ダイヤグラム配送、共同配送などより一層の合理化・効率化が進められよう。将来的にはアウトソーシングも含め、大手卸売業者間あるいは大手卸売業と病院・保険薬局間との互換性の高い戦略的アライアンスの展開に向かうと考えられる。

　第3に、他社との差別化を図るために、洗練された医薬品卸売業の卸機能のあり方が求められよう。とりわけ、アローワンス比重の低下を進めるのと同時に、これに代わる販売促進活動のあり方を模索する必要がある。また、医薬品卸売販売担当営業員（MS）の質的向上、医薬品メーカーからの（開業医などへの）販売促進活動の受託、医療・薬剤情報の充実なども求められよう。

　第4に、病院や医療周辺事業への多角化だけでなく、中長期的には、さらなる多角化路線を継続・強化する可能性が高い。たとえば、保険薬局向けの分割販売サービス、金融サービス、薬局薬剤師教育、経営コンサルタントなどの事業化、あるいは直接的に医療機関や薬局経営に乗り出すことも考えられる。また、病院・保険薬局の周辺分野に留まらず、ヘルスケア、病院内物流・在庫管理支援、処方情報提供などのビジネスへの多角化も考えられる。

医療法改正による広告活動へのインパクト

　医療法は1948年医療施設の基準を示す目的で制定されたが、その後、9回にわたり時代に即して改正されてきた（1985年、1991年、1997年、2001年、2007年、2014年、2015年、2017年、2021年／第7次改正から「第〇次」の表示がなくなった）。とりわけ、マーケティング的な見地から注目すべき点は、広告規制が大幅に緩和された点及び強化された点、また医療機関の水準が顧客に明確にされた点があげられる。つまり、こうした改正の背景には、患者及びその家族が医療機関を選択しやすいようにする狙いがある。

　具体的な広告規制緩和としては、患者数、手術件数・分娩件数、平均在院日数などの広告が可能になり、さらには、所属医師の略歴、専門医資格、医師以外のスタッフの専門資格、厚生労働省の外郭団体の日本医療機能評価機構による医療水準の評価結果などの広告も可能になった（ただし、医師の顔写真の掲載や手術の成功率などの治療成績、顧客満足度調査の結果などは広告できない）。患者が広告内容をみて、専門医が所属していたり、医療水準の評価が高ければ、当該病院を選択する可能性は高まるであろう。

　一方、病院経営の効率化策としては、民間病院の理事長を原則的に医師に限定していたのを経営専門家など医師以外の人材にも拡大したり、医師の臨床研修を義務化したり、患者が経営の安定した病院を選択できるように経営情報の第三者による開示を進めるなどがあり、ここでも患者による病院の選択を促す方向に向かっている。

　また、学術論文・学術発表、新聞・雑誌等の記事、体験談、院内掲示、院内配布パンフ、Eメール、求人広告、HPでの情報発信などは広告とみなされてこなかったが、2017年の改正において、医療機関のHPなども広告規制の対象となった（つまり、HPは広告とみなされる）。これ

MARKETING EYE

は一部の医療機関が行き過ぎた広告を行ったことが影響しているが、わずかな悪質事例を除き、現行の各医療機関のHPが法改正の影響を受けることは少ないと考えられる。

≪2001年　医療法改正及び追加的規制緩和の主な内容≫

2001年　医療法改正による規制緩和項目	2001年　医療法改正に伴う追加項目
①診療記録	①専門医の認定
②日本医療機能評価機構による医療評価	②患者数（入院／外来／疾患別）
③医師の略歴／年齢／性別	③手術件数、分娩件数、平均在院日数
④共同利用できる医療機器	④病床利用率、患者サービスの提供体制
⑤対応可能な言語（手話及び点字を含む）	⑤医師や看護師の患者に対する配置割合
⑥予防接種の実施	⑥患者相談窓口の設置
⑦訪問看護に関わる事項	⑦電子カルテの導入
⑧保健指導または健康相談の実施	⑧医療法人の理事長職を医師以外へ拡大
⑨薬事法に基づいた治験に関する事項	⑨医師の臨床研修の義務化
⑩介護保険に伴う事項	⑩病院経営の情報開示と外部監査の導入
⑪支払方法または領収に関する事項	⑪病院会計基準の見直し
⑫診療報酬改定に伴う告知の必要事項	⑫売店、食堂、一時保育サービス等
⑬労災保険法等改定に伴う事項	⑬医療機関のHPアドレス

≪2007年　医療法改正における広告規制の緩和≫

①患者の平均待ち時間／②医療機器設備／③病院内の映像・写真／④治療成績や顧客満足度の調査の実施（それらの結果の開示は規制対象）／⑤看護師など医師以外のスタッフの氏名や専門資格／⑥送迎サービスの有無、通訳の有無

≪2017年　医療法改正における広告規制の強化≫

医療機関HPも広告規制の対象　⇒　虚偽・誇大表示は是正命令や罰則
たとえば、優劣などの比較広告、誇大広告、公序良俗に反する広告は禁止

日本の医療機関の実際

◆飯塚病院（福岡県飯塚市）

　飯塚病院は、福岡県飯塚市にある地域密着型の大型総合病院（病床数約1,040床）で、旧麻生セメントの福利厚生施設として大正7年に誕生した。病院経営は高い収入と利益率を誇り、「株式会社麻生」の売上高全体のほぼ8割を稼ぎ出す中核事業にもなっている。

　マーケティングの観点から本病院の競争優位性は次の点にまとめられる。①顧客対応への従業員教育の徹底、②診療科のフルライン化（全33科）、③地域の中核病院としてのポジショニングの選定、④地域内開業医とのリレーションシップの構築、⑤顧客のデータベース化の活用、⑥看護師の無駄を省き、ケアの価値を最大化することを目指したセル看護提供方式の導入（看護師の動きの無駄と残業を削減し、離職率を大幅に抑制）などがあげられる。

◆青梅慶友病院（東京都青梅市）

　青梅慶友病院は、東京都郊外の青梅市にある長期療養型の大型高齢者専門病院（病床数約530床）で、地元農協のバックアップを得て1980年に開設した。大半の病院が赤字経営で苦しむ中で、入院希望者が一時期数年待ち（待機者数約500名）になるほど、今日においても高い集客力と収入を誇っている。当初より、介護保険適用の病床が75％を占め、入院患者は平均年齢で約85歳と高齢化しており、看護・介護職の職員配置を基準よりも手厚くしている。

　マーケティングの観点から本病院の競争優位性は次の点にまとめられる。①会長、理事長の高いリーダーシップ力、②高級ホテル並みのサービス提供（従業員対応、食事、施設管理など）、③高価格設定と顧客の選別化、④従業員教育の徹底とその資質の見極め、⑤「理事長への直通便」の設置、⑥よみうりランド慶友病院及び慶友ガーデンハウスなどの

MARKETING EYE

老人病院や高齢者施設の開設などがあげられる。

◆**トヨタ記念病院（愛知県豊田市）**

　トヨタ記念病院は、トヨタ自動車の企業立病院であり、愛知県豊田市にある地域密着型の総合病院（病床数約530床）である。もともとトヨタ自動車の福利厚生施設として1987年に開設された。現在、トヨタ理念の下、地域から信頼される病院としてその名声は非常に高い。新病棟（2023年）もでき、今後は地域密着型を旨としながらもやや広域かつ総合的な医療サービスの提供の方向性を模索している。

　マーケティングの観点から本院の競争優位性は次の点にまとめられる。①独自の流通システムの中核を担うGLD（グッドライフデザイン）を三菱商事との共同出資で設立（医薬品及び医療資材の独自購入）、②医療福祉複合体化の推進、③エリア分析及びポジショニング分析の推進などがあげられる。

◆**武田病院グループ（京都府京都市）**

　武田病院グループは、武田病院、武田総合病院など8つの病院と介護・福祉施設を含めた約70施設から構成される。本グループは、1961年、京都木津屋橋に武田病院を開設して以来、京都市及びその郊外一円を総合的にカバーしていこうとする、グループ・ネットワーク化戦略方式の医療・福祉組織として位置づけられる。

　マーケティングの観点から本病院の競争優位性は次の点にまとめられる。①理事長の高いリーダーシップ力、②販社的役割のSPDセンターの存在（医薬品及び医療資材を集約して購入）、③バーコードやICチップの活用（医薬品及び医療資材の無駄使いや遺失などの管理）、④医療コンサルティングの推進（医業外収益は10％超）、⑤医療福祉複合体化の推進、⑥エリア分析の徹底などがあげられる。

MARKETING EYE

第4章

消費者問題・消費生活エリア

～消費者問題及び消費生活の諸相～

47 消費者問題

◆消費者問題とは

消費者問題（Consumer Affairs）は、その目的を異にする消費者（生活者）と企業（組織）が市場で出会う際に生じる、総じて弱い立場にある消費者が被る様々な問題を指す。したがって、市場の存在の歴史が消費者問題の歴史と一致するといっても過言ではない。消費者問題は古くてかつ新しい問題なのである。主な消費者問題としては、①安全、健康、生命に関わる問題、②取引や契約に関わる問題、③価格や品質に関わる問題、④広告や表示に関わる問題、⑤代金決済に関わる問題、⑥生産システムや流通に関わる問題、⑦高度情報化に関わる問題、⑧消費者被害の救済をめぐる問題、⑨その他である。

◆消費者問題の潮流と鳥瞰

①戦後～1950年代

戦後、ヤミ市での商品売買が横行し、物価は激しく上昇した。物価統制令（1946年）が公布され、物価庁も発足した。その他、不良マッチ追放の動きが活発になり、1948年には『暮らしの手帖』（大橋鎭子と花森安治が設立した衣裳研究所から出版された消費生活雑誌）が創刊されるなど、消費者の知識を高め、購買行動に伴う被害や不利益から消費者を保護する流れが活発になった。また、熊本水俣病やイタイイタイ病などの公害病、さらには消費者問題の先駆けとなる、森永ヒ素ミルク事件（1955年）などが注目を集めた。

②1960年代

高度経済成長期の中、商品に関わる消費者危害や不当表示などの問題が発生した。たとえば、ニセ牛缶事件（1960年）、サリドマイド事件（1962年）、カネミ油症事件（1968年）などがある。政府は個別案件に対応するために、薬事法（1960年）、割賦販売法（1961年）、景品表示法（1962

MARKETING EYE

年)などの法整備を進め、1968年には消費者保護基本法を制定するなど消費者政策が一段と進められた。

③1970年代〜1980年代

マルチ商法などの消費者問題が生じ、製品自体の問題に加え、商品の販売方法や契約などに関する消費者問題が現れた。この時期には、国民生活センター(1970年)が設立され、訪問販売法(1976年)が制定されている。また、国際化・サービス化・情報化の進展、さらにはバブル経済の出現に伴い、それらに関わる消費者問題が生じた。具体的には、クレジットカードに係る多重債務問題、悪徳商法(ネズミ講、原野商法、霊感商法他)などの消費者問題が生じた。

④1990年代〜2000年代

1990年代〜2000年代は、遺伝子組換え食品、O157食中毒、ダイオキシン汚染、環境ホルモン、食品偽装表示など、事業者活動に伴う構造的または倫理的な側面を持った消費者問題が横行した。そのため、消費者と事業者間の民事ルールの整備が進み、製造物責任法(1994年)、消費者契約法(2001年)、食品安全基本法(2003年)、個人情報保護法(2003年)、消費者基本法(2004年)などが制定された。特に、消費者基本法の施行では、消費者の保護から消費者の自立への転換がなされた。また、消費者庁及び消費者委員会が設置(2009年)され、消費者行政は新たな段階へと突入した。

⑤2010年代〜2020年代

2010年代は、食の安全に関わる消費者問題、高齢者を狙った悪徳商法、暮らし自体を脅かす問題が生じた。2010年代以降で最も特徴的な点は高度情報環境の進展に伴う消費者問題が顕著になったことである。

2020年代は、高度情報化の進展絡みの消費者問題(特殊詐欺・闇バイ

MARKETING EYE

ト を含む）が多く、今後も消費者問題の中心となることはおよそ間違いない。デジタル庁の発足（2021年）など、高度情報化に伴う経済社会環境の変化は著しい。また、顧客が企業に対して理不尽なクレーム・言動をする「カスタマーハラスメント（カスハラ）」も問題となった。

≪消費者問題の変遷≫

年代	消費者問題の事例
戦後～1950年代	ヤミ物価／森永ヒ素ミルク事件／水俣病／イタイイタイ病　等 ＊物価統制令(1946)
1960年代	ニセ牛缶事件／四日市ぜんそく／サリドマイド事件／カネミ油症事件　等 ＊消費者保護基本法(1968)、消費生活条例(1969)
1970年代～1980年代	悪徳商法(マルチ商法など)／第1次・第2次オイルショック　等 悪徳商法(国際ネズミ講、原野商法、霊感商法など)／食品の安全性　等
1990年代～2000年代前半	遺伝子組換え食品／O157食中毒／コメ不足／環境ホルモン／資格商法／利殖商法／BSE問題／食品偽装表示／振込め詐欺　等 ＊製造物責任法(1994)、消費者契約法(2001)、個人情報保護法(2003)
2000年代後半	耐震偽装／多重債務／保険金不払い／ガス湯沸器事件／食品偽装表示／中国冷凍ギョーザ事件／リーマンショック／各環境問題　等 ＊消費者基本法(2004)、消費者団体訴訟制度(2006)、ADR・裁判外紛争解決開始(2009)、消費者庁及び消費者委員会設置(2009)　等
2010年代	原発放射能汚染／コンプガチャ／サクラサイト／健康食品送り付け／若者・高齢者トラブル／貴金属訪問購入／食品表示問題／データ改ざん／仮想通貨流出／レジ袋有料化／キャッシュレス決済　等 ＊PIO-NET開始(2010)、消費者教育推進法(2012)、食品表示法(2013)、消費者ホットライン・188開設(2015)、マイナンバー通知(2016)、チケット不正転売禁止法(2019) 等
2020年代	ステマ規制／円の乱高下／ゼロ金利脱却／不正保険請求／新NISA／マイナンバーカードに保険証・自動車免許統合／新札発行／特殊詐欺・闇バイト／カスタマーハラスメント デジタル庁発足(2021)／成年年齢引き下げ(2022)／プラスチック資源循環促進法(2022)／改正景品表示法(2023)

出所：消費者庁（2014）『消費者問題年表』等を参考に筆者作成。

The 19th hole ⑧
ミニッツペーパー（リアクションペーパー）のための課題設定

　以下は、講義内で行う、ミニッツペーパー（リアクションペーパー）のための課題設定項目である。これらを通じて、相手に伝えることを念頭に、自身が考えていることを整理し、文章力の向上を目指しましょう。

①自己紹介（自分の長所・短所／自分のこだわり／将来の夢／いま熱中していること）
②アルバイト先での悪事
③出身校の伝統行事または風変わりな行事
④好きなCMとその理由／嫌いなCMとその理由
⑤消費生活上の商品・サービスにおいて違和感を感じたこと
⑥あなたが一番おすすめする〇〇（本／漫画／歌／映画／店／スイーツ／お土産など）
⑦座右の銘（自身のモットーや自分に言い聞かせていること）
⑧絶対に行ってはいけない店
⑨行儀（マナー）が悪いと思う行動・行為
⑩問題のある商法で騙された（かけた）経験
⑪両親や周りの人によく叱られること
⑫理解しがたい人の趣味や習慣
⑬嫌いな食べ物とその理由
⑭出身地（または出身校）の変わった行事・習慣
⑮なぜ売れているのか理解できない商品
⑯なぜ売れていないのか不思議に思っているおすすめ商品
⑰買うところまでいかないけど気になる商品
⑱モノを買うときに心がけていること
⑲失敗した買い物
⑳おススメのアプリ
㉑どんなテーマがあったら良かったか
㉒その他

消費者の権利／消費者運動／消費者政策（消費者行政）

◆消費者の権利

消費者の権利は、時のケネディ米大統領が「消費者利益に関する特別教書」（1962年）で、「安全である権利」「知らされる権利」「選択できる権利」「意見を反映させる権利」（消費者の4つの権利）をあげたことに端を発する。その後、1975年のフォード米大統領により、5番目の「消費者教育を受ける権利」が提示され、それらを合わせて消費者の権利としている。また国際消費者機構（CI：Consumers International）は、1982年、先の5つの権利をベースにして、①生存するために必要な基本的な物とサービスを得る権利、②安全の権利、③情報を受ける権利、④選択できる権利、⑤意見を反映される権利、⑥損害に対する補償または救済措置を享受する権利、⑦消費者教育を享受する権利、⑧健全な環境を享受する権利（消費者の8つの権利）と、5つの消費者の責任をあげている。

◆消費者運動

消費者の権利や利益の確保のために組織化され行動する団体が消費者団体であり、その実現のために消費者団体などが行う運動を消費者運動という。つまり、消費者運動とは、消費者が団結して消費生活の防衛・改善を図ろうとする運動を指していう。消費者単独では力が小さくとも消費者が集結すれば大きな力となり、統一行動をとれば、政府や企業などと対峙することができる。たとえば、不買運動（ボイコット）、有害食品の摘発、誇大広告や不当な価格引き上げなどの告発はその典型例となろう。日本における消費者運動は戦後には物価問題や品不足への対応が中心であったが、経済成長の発展とともに、たとえば、森永ヒ素ミルク事件やニセ牛缶事件など、商品の品質や安全性に対する運動へと変化していった。

MARKETING EYE

　消費者運動の根底にある思想または指導原理を、特にコンシューマリズムと呼ぶが、それは消費者主権主義とも呼ばれ、消費者の権利を守ることを主張する理念である。1965年、米国の弁護士ラルフ・ネーダーがGM社の欠陥摘発運動を展開した頃から広く使われるようになった。

◆消費者政策（消費者行政）

　消費者政策（消費者行政）とは、消費者の権利を守り、消費者の利益を擁護し、その増進を図るための総合的な施策をいう。日本においては戦後の物価統制令（1946年）が消費者政策の始まりとされるが、既述したように高度経済成長からの消費者問題の出現により、消費者保護基本法（1968年）を制定し、消費者保護に関する施策の基本的な枠組みを定めたことが消費者政策の礎となった。

　消費者は「保護される者」ととらえられてきたが、近年の日本社会・環境の変化に対応して、「保護される消費者」から「自立する消費者」を目途とした消費者基本法（2004年）が消費者保護基本法に代わって成立した。消費者基本法では、消費者の権利を尊重し、消費者の自立を支援することが基本であると定めている。

　また、近年の消費者政策の関連事項としては、消費者契約法（2000年）、消費者団体訴訟制度（2006年）、消費者庁の設置（2009年）、消費者教育推進法（2012年）、食品表示法（2013年）、消費者ホットライン・188の開設（2015年）、チケット不正転売禁止法（2019年）、成年年齢引き下げ（2022年）、改正景品表示法（2023年・ステマ規制）、新NISAへの移行（2024年）、マイナンバーカードに保険証が統合（2024年）などがあり、時代の変遷とともに、消費者政策が進められている。

消費者教育

◆消費者教育の定義とその目的

「消費者教育とは何か」という消費者教育の定義については、1970年代からアメリカの研究者を中心に各人が各様の論を展開してきた。日本でも同様な状況であったが、2012年制定の「消費者教育の推進に関する法律」(以下、消費者教育推進法)において、消費者教育は「消費者の自立を支援するために行われる消費生活に関する教育(消費者が主体的に消費者市民社会の形成に参画することの重要性について理解及び関心を深めるための教育を含む)及びこれに準ずる啓発活動」と定義づけられている(同法第2条1項)。ここで言う消費者市民社会とは、消費者が自らの消費生活に関する行動が将来にわたって社会経済情勢及び地球環境に影響を及ぼし得ることを自覚して、公正かつ持続可能な社会の形成に積極的に参画する社会をいう(同法第2条2項)。また消費者教育の基本理念として、「消費者教育は、消費生活に関する知識を修得し、これを適切な行動に結び付けることができる実践的な能力を開発する教育」としている(同法第3条1項)。

一方、消費者教育の目的は、消費者が商品・サービスの選択・購入・消費などを通して消費生活に関する知識を修得し、消費者の権利と責任を自覚しながら、多様化する市場・社会において合理的かつ倫理的な消費行動ができる「自立した消費者」を育成することである。換言すれば、消費者教育の目的は、消費生活上のバイマンシップ(買い手としての能力・資質)だけでなく、地球規模の視野に立ったシチズンシップ(市民としての能力・資質)をも開発していく、消費者としての生き方の教育(人間形成の教育)にある。

また消費者教育は、多様な経済的・社会的環境の中で商品・サービスをいかに上手に購入・使用するかという生活技術中心の「生活環境適応

能力」を育成するだけでなく、生活環境適応能力を活かして商品・サービスによって消費者の健康・安全・快適などの生活の基本的領域が侵されているのならば、それを改善・創造していく「生活環境醸成能力」の開発をも目的にしている。そこにおいては、各主体が批判的精神を持ち、総合的合意システム（消費者、企業、行政、学校、学識者など）の中で展開されるものと位置付けられよう。

◆消費者教育の史的潮流

消費者教育は、古くは1800年代末葉にアメリカで生成したホーム・エコノミクスを母体に、消費者の健康・安全を守るための教育・研究にその端緒をみることができる。1924年にハラップ（Harap）の先駆的著書『The Education of the Consumer』が刊行されて以降、アメリカの消費者に強い影響を与えてきたが、日本において消費者教育が導入されたのは主として戦後である。

戦前の消費生活協同組合の実践活動や戦後早くからの『暮らしの手帖』の発刊なども消費者教育に大きな影響を与えたが、戦後の日本の消費者教育は、1940年代後期の萌芽期を経て、消費者問題の顕在化した高度経済成長期において、消費者の知識を高め、購買行動に伴う被害や不利益から消費者を保護する観点から重要視されていった。1960年には、㈶日本生産性本部が消費者団体代表らをアメリカに消費者教育専門視察団として派遣したのを契機に消費者教育室を設置し、これを母体として1963年に消費者教育の普及や商品テストなどを扱う情報提供型の消費者教育の担い手として㈶日本消費者協会が設立された。1968年には消費者保護基本法が制定され、消費者教育の推進に対する国の責任が明確化された。この時期に各自治体に消費生活センター等が設置され、地域における消費者教育の拠点が構築された。1970年には国民生活センターが設立され、

MARKETING EYE

消費者問題に関する相談や情報収集・提供と併せて、消費者教育を担う機関を形成するに至った。

　翻って、1980年には、各企業の消費者対応部門を横断的に結ぶ組織としてACAP（消費者関連専門家会議）が設立され、1981年には消費者教育を専門的に研究する消費者教育学会が設立された。1988年には消費生活アドバイザーコンサルタント相談員協会（NACS）、1990年には消費者教育支援センターが設立され、消費者教育の普及・啓発、教材開発、調査研究などを担う専門機関となっていった。一方、学校教育においても1989年改訂学習指導要領より、社会科や家庭科に消費者教育が組み入れられるようになった。

　2004年に消費者保護基本法に代わり消費者基本法が制定されると、消費者教育は消費者の権利のひとつに位置付けられ、消費者の自立を支援するための消費者教育が推進されるようになった。2009年には消費者庁が創設され、同庁は消費者行政や消費者教育の司令塔的な役割を担うことになった。さらに、2012年には消費者教育推進法が制定されたが、これによって消費者教育の総合的・体系的な取り組みが推進され、消費者の主体的な行動が環境・社会問題などの改善を促す「消費者市民社会」の形成に寄与することとなった。

◆消費者教育の必要性

　消費者教育の始まりは、1800年代末葉とも1900年代初頭とも言われるが、広く一般に知られるようになったのは、先述した1975年、時のフォード米大統領が、1962年のケネディ米大統領の「消費者の4つの権利」に加えて、第5番目の権利として「消費者教育を受ける権利」を加えた頃からである。その権利は、消費者が消費者教育を受けることで、先の4つの権利をうまく享受でき、充実した安全な生活を送ることができるよ

MARKETING EYE

うに配慮したものだった。

　消費者教育の出現の背景には、およそ高度経済成長期以降の経済取引を巡って生じる消費者問題が存在している。例えば、市場環境の変化に伴う大量生産・大量販売システムの導入、マーケティング活動の活発化、大量消費に伴う環境問題などによって、消費者は構造的に生活圏が脅かされ、その責任所在も極めて特定困難な状況に陥った。このような構造的消費者問題に対処するために、消費者運動→コンシューマリズム→消費者教育という一連の流れが生じ、消費者教育の必要性が徐々に高まっていったと考えられる。

　つまるところ、市場において消費者と企業間の情報の質・量や交渉力の格差による構造的消費者問題の発生は、各方面に消費者教育の必要性を認識させたと考えられる。安全で合理的な消費生活を営む際に、消費者は有益かつ正確な情報に基づいて自らの生活に必要な商品やサービスを適正な価格で選択・購入し、有効に消費する必要が生じたために、消費者教育の必要性が高まっていった。今日では、消費者教育の対象領域が広範にわたることから、学ぶべき領域の整理と各領域で育むべき目標を定めた「消費者教育の体系イメージマップ」（消費者庁）を活用するなど、体系的な消費者教育の推進が求められている。

　いずれにせよ、日本の消費者教育は、先述した発展系譜を辿ったが、当初は消費者団体の学習活動の一環として行われ、その後、消費者保護行政が始まり、消費者保護基本法以降は行政を中心にした消費者保護を経て、今日では消費者の自立の観点で進展している。

消費者関連組織

◆消費者庁／消費者委員会

 2009年に設立した消費者庁は、国の消費者行政全般に関わる司令塔としての役割を担った、内閣府の外局の行政機関である。具体的には、消費者関連法令を執行すること、消費者問題に関わる情報を集約し調査・分析すること、消費者問題に関わる情報を発信し消費者に注意喚起すること、各省庁に対し措置要求を行うとともに、必要であれば事業者に対して勧告措置を講じることなどの役割を担っている。

 また、消費者委員会は、消費者庁設立と同時に内閣府に設けられた機関で、消費者庁を含む関係省庁の消費者行政全般に対して監視機能をもつ独立した第三者機関である。同委員会は、内閣総理大臣が任命する10名以内の委員で構成され、内閣総理大臣に対して建議や勧告ができ、消費者政策に関する重要事項について調査審議ができるなど、かなり強力な権限が付与されている。

◆国民生活センター／消費生活センター

 消費者保護基本法（1968年）の制定後の1970年に設置された国民生活センターは、当初、消費者問題などの情報提供や調査研究、消費生活相談受付、商品比較テスト、相談員養成、地方の消費生活センターに対する支援、国の消費者行政の実施部門を受け持ってきた。1980年代には相模原市に商品テスト・研修施設が作られるとともに、近年では、消費者から寄せられた消費生活相談情報を大規模に登録するPIO-NET（全国消費生活情報ネットワークシステム）の運用も開始し、2002年に独立行政法人となり、今日に至っている。

 消費生活センターは、消費者安全法に基づく地方公共団体の施設で、主に各主要都市に置かれている。センターの主要業務として、消費生活に関する相談及び苦情の処理、消費生活に関わる公開講座や出前講座、

MARKETING EYE

消費者教育の拠点としての役割など、消費生活全般におけるサポート役を担っている。近年では、2015年に開設された消費者ホットライン「188（イヤヤ）」に電話すると、最寄りの消費生活センター等の窓口につながり、消費者被害の未然防止・拡大防止に大きな役割を果たしている。

◆ACAP（エーキャップ：消費者関連専門家会議）

ACAP（The Association of Consumer Affairs Professionals）は、1973年米国で設立したSOCAP（Society of Consumer Affairs Professionals in Business：企業内消費者問題専門家会議）に倣い、1980年に設立された各企業の消費者関連部門担当者の組織である。①消費者関連担当部門の専門家としての業務遂行能力の向上を図る、②企業の消費者志向体制の整備や発展に寄与する、③消費者・行政・企業相互間における理解や信頼を高めることを目的に活動している。

◆HEIB（ヒーブ：企業の消費者関連部門で働く女性専門家）

HEIB（Home Economists In Business）とは、「企業の消費者関連部門で働く女性専門家」を指す。日本HEIB協議会は、消費者と企業のパイプ役としての使命と職務に則り、その資質と能力向上を図り、消費者利益の増進及び企業活動の健全な発展に寄与する目的で1978年設立された。HEIBの発祥地米国では、1923年米国家政学会の一分科会としてHEIBが位置づけられたが、日本の場合、主に企業と消費者のパイプ役として、企業で働く消費者関連部門担当の女性をHEIBと呼んでいる。

◆消費者教育支援センター

1990年に設立された消費者教育支援センターは、消費者教育の専門機関として、わが国の消費者教育を総合的に支援する組織である。主な活動として、消費者教育に関する調査研究・教材作成、消費者教育に関する情報収集・提供、セミナー等の企画・運営、講師派遣、教材資料の表

MARKETING EYE

彰などがある。
◆日本消費者教育学会
　1981年に創立された日本消費者教育学会は、幼少期から高齢者に至る生涯教育としての消費者教育の確立を目指し、研究・実践活動を推進する学会である。毎年、全国大会、各支部会を開催するとともに、学会誌『消費者教育』を刊行し、消費者教育に関する様々な研究成果や取り組みを発表している。
◆消費生活相談員／消費生活アドバイザー
　消費生活相談員は、国民生活センター主催の国家資格（内閣総理大臣事業認定資格）で、各自治体の消費生活相談員として、消費生活相談への適切な助言等を行う人材の養成を目的にしている。

　消費生活アドバイザーは、日本産業協会主催の国家資格（内閣総理大臣及び経済産業大臣の事業認定資格）で、主に消費者と企業や行政の架け橋として、消費者からの提案や意見を企業経営並びに行政等への提言に効果的に反映させるとともに、消費者の苦情相談等に対して適切なアドバイスができ、幅広い分野で社会貢献を果たす人材の養成を目的にしている。資格取得にあたっては、消費者問題、行政・法律知識、経済・経営知識、生活基礎知識とその幅は広く、取得すれば、先の消費生活相談員の資格をも取得できる。資格取得者は比較的企業人が多い。また、消費生活アドバイザー資格の下に、お客様対応専門員（CAP）の資格も設定し、幅広い層が資格を取れる取り組みも行っている。
◆日本消費者協会
　1961年、消費者教育、消費者啓発活動を目的として設立した公益法人である。消費生活コンサルタント養成講座、コンシューマーオフィサー養成講座、消費者相談室、講師派遣、消費者関連出版など行っている。

The 19th hole ⑨
大学戦略の明暗

　企業レベルや行政レベルばかりでなく、病院や大学に至る、あらゆるレベルにまで厳しい市場競争の波が押し寄せてきている。

　とりわけ、大学に関しては、18歳人口の激減（1992年の約205万人をピークにして2020年には約117万人、2030年には約105万人）などの影響が大学を直撃し、大学間競争も熾烈を極めている。そうした中で、各大学は新たな方策によって様々な取り組みを展開しているが、それは本学においても同様である。本学では、これまで様々な改革が行われてきており、今日でもなお市場環境の変化に応じた改革への戦略策定に余念がない。

　そこで本ケースでは、「本大学」における大学戦略について、様々な観点から分析し、いかような戦略が必要であり、最も有効かを論理的に考察してもらいたい。

≪最低要件≫
①本大学のこれまでの改革の変遷や特徴（経営資源、財務状況、組織形態、戦略方向など）を調査し、他の要因と絡めながら分析すること
②SWOT分析（強み／弱み／機会／脅威）により、本大学を分析してみること
③現在の国内大学の市場環境（学生募集状況など）や各大学戦略の特徴を調査すること
④本大学における今後の展開、ステップ、戦略などを、マーケティング・経営・財務的な視点から論究すること
⑤その他

＊本ケースは、仮想のもとで作成されたもので、主として研究・教育上の議論・技術などの向上を狙ったものにすぎない。

51 景品表示法の概要

◆景品表示法とは

　景品表示法（不当景品類及び不当表示防止法）は、一般消費者による自主的かつ合理的な選択を阻害するおそれのある景品と表示について規制することにより、消費者の利益を保護することを目的としている（景品表示法第1条）。

　景品表示法は、家庭用品品質表示法などのように、表示を義務付けるなどして積極的に消費者を保護するものではない。しかし、表示の適正化という視座に立てば、個々の商品に対して表示義務を課す法令とは異なり、対象商品やサービスが限定されていないこと、品質をはじめとする商品の内容についてだけでなく、取引条件その他すべての事項についても規制されていることから、表示に関する一般法（基本となる一般的ルール）としての機能を有している。

◆景品規制

　景品は顧客を誘引するための手段として、事業者が自己の供給する商品・サービスの取引に付随して提供する物品、金銭その他の経済上の利益である（景品表示法第2条）。過大な景品の提供は、消費者の商品選択をゆがめ、それにより事業者が良質廉価な商品やサービスを提供しなくなり、結果的に消費者が不利益を被ることになるため、景品の種類ごとに最高額や制限が設けられている。

　一見、景品を多く付けてもらうことは、消費者の利益であるように思える。それをあえて規制する理由は、事業者は本来、商品やサービスの品質を上げ、なるべく安く販売するよう努力すべきであるが、その努力には多くの資金と時間がかかるがゆえに、それを怠って、より安易な「景品を付ける」という方法で、良質廉価でない商品やサービスを売る事業者がでてくることを想定しているからである。

MARKETING EYE

◆**不当表示の規制**

　景品表示法では、一般消費者に誤解されることによって、その自主的かつ合理的選択が阻害されると認められる表示を不当表示として禁止している。「誤認される」とは、表示から受ける一般消費者の認識と実際のものとの間に差異が生じることをいう。

　消費者ならば実際と表示が異なるという経験をしたことがあると思うが、これも景品規制と同様、良質廉価な商品やサービスを提供する努力を怠って、実際とは異なる表示を行う事業者を想定している。

◆**景品表示法の運用**

　景品表示法に違反する行為を行った場合、消費者庁が調査を実施し、違反があると認められた場合は、当該行為を行っている事業者に対し、違反行為の差し止め、再発防止策の実施などを命ずる「措置命令」が行われ、事業者名が公表される。違反のおそれがある場合であっても、指導の措置がとられることがあるが、その場合、事業者名は公表されない。

◆**ステルス・マーケティング**

　ステルス・マーケティング（略称：ステマ）とは、実際は広告であるのに当該商品と直接利害関係がない体を装って行われるマーケティング手法（宣伝手法）である。具体的には、インターネット上でのユーザー評価、ブログ上の体験記、クチコミ情報サイト、インフルエンサーを活用した動画配信などによって当該商品の評価を上げ、多くの消費者に注目を惹かせ、消費者の印象と購買欲を上げることを目的とする。近年、この手法によるトラブルが増え、モラルにも反するため、2023年に景品表示法の不当表示規制の誤認されるおそれのある表示のひとつとして追加された。

52 景品規制

　景品は、「顧客を誘引するための手段として、事業者が自己の供給する商品・サービスの取引に付随して提供する物品、金銭、その他経済上の利益である」（景品表示法第2条）とされている。そうした景品は、種類ごとに最高額や総額について制限が設けられている。以下では、景品の中でも懸賞、総付景品、オープン懸賞をみていく。

◆懸賞

　商品やサービスを購入した人に対し、くじなどの偶然性（抽選、じゃんけん、一部商品にのみ外観からわからないように景品類を添付するなど）、特定の行為の優劣によって景品類を提供するもので、一般懸賞と一定の地域や業界の事業者が共同で実施する共同懸賞がある。

一般懸賞の景品類の限度額

懸賞による取引価額	景品類限度額	
	最高額	総額
5,000円未満	取引価額の20倍	懸賞に係る売り上げ予定総額の2%
5,000円以上	10万円	

共同懸賞の景品類の限度額

景品類限度額	
最高額	総額
取引価額に関わらず30万円	懸賞に係る売り上げ予定総額の3%

　一般懸賞の事例としては、全日空が行った「全路線全便50人に1人無料」キャンペーンがあげられる。自動発券機・チェックイン機を利用した搭乗客の50人に1人が無料になるというもので、懸賞に係る売上予定総額の2％の限度内に設定されている。第2弾では「50便に1便丸

MARKETING EYE

ごとキャッシュバック」で、これも2％以内に設定されている。また、共同懸賞の事例としては、商店街の歳末セールや「〇〇電気まつり」といったものがあげられる。

◆総付（そうづけ）景品

商品を買ったり、来店したりした人にもれなく提供される景品で、「粗品」や「ベタ付け景品」などが該当する。ベタ付け景品の事例としては、インスタントコーヒーにマグカップの箱を貼り付ける、ペットボトルの首にキャラクターグッズをぶら下げるなどがあげられる。

総付景品の制限内容

取引価額	景品類の最高額
1,000円未満	200円
1,000円以上	取引価額の20％

◆オープン懸賞

商品・サービスの取引に付随した金品等の提供は景品に該当し、景品規制の対象となる。他方、新聞、テレビ、雑誌、ウェブサイト等で企画内容を広く告知し、商品・サービスの購入や来店を条件とせず、抽選などによって、金品等が提供される企画は、取引に付随していないことからオープン懸賞と呼ばれ、「懸賞」とついているものの景品に該当しないことから景品規制は適用されない。たとえば、新聞広告において、商品を購入しなくても簡単なクイズに答えた人に抽選で多額の賞金を与える企画や、テレビのクイズ番組の高額な優勝賞金などもこれに該当する。

53 表示規制

◆不当表示規制

不当表示は以下のように、分類され規制されている。

①優良誤認表示

商品やサービスの内容について、実際のものまたは同業者のものより著しく優良であると誤認される表示（景品表示法第5条1号）。

②有利誤認表示

価格などの取引条件について、実際のものまたは同業者のものより著しく有利であると誤認される表示。たとえば、二重価格表示や過大包装などである（景品表示法第5条2号）。

③誤認されるおそれのある表示

一般消費者に誤認されるおそれがあると認められ、内閣総理大臣が指定する表示（景品表示法第5条3号）。

現在、無果汁の清涼飲料水等についての表示、原産国に関する不当な表示、消費者信用の融資費用に関する不当な表示、不動産のおとり広告に関する表示、おとり広告に関する表示、有料老人ホームに関する不当な表示、そして2023年に「一般消費者が事業者の表示であることを判別することが困難である表示」（ステルス・マーケティング）が加わり、7つが指定されている。たとえば、無果汁の清涼飲料水等についての表示は、果汁のような色や味付けをしていながら、原材料に果汁や果肉が使用されていない清涼飲料水などの容器や包装に、果実の名称を用いた商品名をつける、果実の絵や写真を使う場合を不当表示としている。ただし、「無果汁」「果汁ゼロ」など、果汁が含まれていない旨を表記すれば問題ない。また、商品の原産国に関する不当な表示は、国産品であるのに、外国の国名や国旗、文字などを表示したり、外国産品に原産国以外の国名や国旗、文字などを表示する場合、不当表示とされる。しかしな

MARKETING EYE

がら、近年は様々な工程を国際的に分業して生産する製品も多く、このことから原産国について定義されている商品もある。たとえば、お茶であれば、ブレンドした国ではなく荒茶の製造国、衣類であれば縫製した国などとなっている。

◆**広告規制**

虚偽広告（事実に反した内容の広告）、誇大広告（事実よりも誇張あるいは装飾されている内容の広告）、誤導広告（消費者の誤解を招いたり、曖昧な表現を使った広告）、訴求対象が不適切な広告（成人対象のものを未成年に向けて広告するなど）、問題商法の手段としての広告（消費者を問題商法に誘引する広告）、人間の潜在意識に働きかける広告（サブリミナル広告など）などは規制の対象になる。

①比較広告

比較広告とは、自社製品と他社製品とに共通する属性（内容・取引条件）について比較することで、自社製品の優位性を示す広告である。比較広告については「比較広告に関する景品表示法上の考え方」というガイドラインが出されており、適正な比較広告の要件として、比較広告で主張する内容が客観的に実証されていること、実証されている数値や事実を正確かつ適正に引用すること、比較の方法が公正であることなどの要件を満たす必要があるとしている。

②サブリミナル広告

サブリミナル広告とは、映画やテレビ放送に、内容とは無関係な感知できないほどの短い映像を挿入することで、人間の潜在意識に働きかける広告手法である。その効果については様々な見解があるが、日本民間放送連盟は放送基準で使用を禁止している。

54 悪質商法

◆**マルチ商法**

　販売組織の加入者が新規加入者を誘い、その加入者がさらに別の加入者を誘引することで組織を拡大して行う商品・サービスの取引である。新規加入者の支払う加入料や商品購入代金等によって、自分の利益が得られると勧誘するものである（健康食品、化粧品、浄水器などの商品・サービスに多い）。SNSが活用されるケースも目立っている。

◆**アポイントメントセールス**

　電話などで「抽選に当たったので景品を取りに来て」と販売目的を明らかにしないで事務所などに呼び出し、契約するまで帰れない状況にして商品・サービスを契約させるものである。類似のものに、異性間の感情を利用して断りにくい状況でデートを装って勧誘し、商品・サービスを購入させるデート商法もある。

◆**キャッチセールス**

　駅前や繁華街の路上でアンケート調査に協力してほしいと呼び止め、販売目的を明確にしないまま、事務所などに連れていき、長時間、強引にまたは不安を煽るなどして購入契約をさせるものである。

◆**ワンクリック請求（架空請求）**

　パソコンやスマートフォンにおけるアダルトサイトなどで、利用料金や利用規約を明確にせずに、消費者がクリックすると「登録完了、料金○万円」などと表示し、高額な料金を請求するものである。またSNSなどを使って、購入してもいないのに勝手に請求をするケースもあり、架空請求は様々なパターンでなされている。

◆**ネガティブオプション（送り付け商法）**

　商品を注文もしていないのに勝手に送り付けて、受け取ったことで支払い義務があると勘違いをさせて代金を支払わせるものである。

MARKETING EYE

◆ SF商法（催眠商法）
　会場に高齢者などを集め、日用品などをただ同然で配ったり、サクラを使って競争心を煽り、場の雰囲気を盛り上げるなど、最終的に高額な商品を契約させるものである。

◆点検商法
　「無料で点検する」などと言って家に上がり込み、工事が必要などと事実と異なることを言って不安を煽り、商品やサービスを契約させるものである。役所や電力・ガス会社を語るケースもある。

◆利殖商法
　「必ずもうかる」などと利殖になることを強調し、投資や出資を勧誘するものである。貴金属や牛などの利殖商法が多い。

◆サイドビジネス商法（アルバイト商法）
　「在宅の簡単な仕事で高収入が得られる」などと勧誘し、教材や仕事上必要な商品を高額で売りつけるものである。収入はほとんど得られないうえに、支払いだけが残る。高収入の内職を紹介すると勧誘し、その前に講習の受講や用具の購入、さらには登録料が必要だとして高額の金銭をだまし取る内職商法や、着物の展示会のアルバイトの際に、着物を高額で販売する着物商法もこの類である。

◆チケット不正転売
　インターネットで横行するチケットの高額転売に対応するために、2019年6月にチケット不正転売禁止法が施行された。同法の対象は、①転売禁止を明記、②日時や場所、座席を指定、③購入者や入場者の氏名、連絡先を確認した上での販売などの要件を満たした「特定興行入場券」である。摘発には興行主の同意を得ず、定価を超える価格で繰り返し販売していることの立証が求められる。

55 特定商取引法／クーリング・オフ

◆特定商取引に関する法律（特定商取引法）

　訪問販売法をその前身として、2001年に大幅改正された、特定商取引に関する法律（以下、特定商取引法）は、販売方法や契約解除を巡る消費者被害の発生を抑え、消費者被害の救済を図るための法律である。適用対象となる取引の種類には、訪問販売、通信販売、電話勧誘販売、連鎖販売（マルチ商法）、特定継続的役務提供（エステ、語学教室、結婚相談など）、業務提供誘引販売（内職商法など）、訪問購入に係る7種類の取引がある。その他に、申し込みがないのに商品を一方的に送付して代金を請求する行為（ネガティブオプション）も規制対象としている。

　特定商取引法の特色は、第1に行政法規（業務停止など）、刑罰法規（刑事罰など）、私法法規（クーリング・オフなど）の混合的な法律となっている点、第2に法律の規制内容の多くを、政令（施行令）及び省令（施行規則）に委任している点、第3に新しい悪質商法の発生が見込まれるため法律の中でも極めて変化の速い法律である点などがあげられる。

◆クーリング・オフ (cooling off)

　クーリング・オフとは、一旦契約の申し込みや締結をした場合でも、消費者に頭を冷やす期間を与え、契約を再考できるようにして、一定の期間内であれば無条件で契約の申し込みを撤回したり、契約を解除したりできる制度である。訪問販売などの不意打ち的な勧誘による契約や、複雑な契約において設けられている。

　クーリング・オフができる期間は、取引類型によって異なり、訪問販売、電話勧誘販売、特定継続的役務提供、訪問購入などでは、契約書または申込書の受領日を1日目（起算日）として数えて8日間（契約書を受け取った日が1日だったら8日まで）、連鎖販売取引や業務提供誘引販売では20日間である。その他にも、保険契約、宅地建物取引、ゴルフ

MARKETING EYE

　会員権契約は8日間、投資顧問契約は10日間、預託等取引契約（貴金属、牛など）は14日間、有料老人ホーム入居契約は3カ月間においてクーリング・オフができる。いずれも、契約書などの書面を受け取っていない場合、クーリング・オフ期間は開始されないし、妨害行為（解約ができないなどの虚偽、消費者への脅しなど）があればクーリング・オフの期間も延長されることになる。また、手紙で通知した場合、通知の発信日からクーリング・オフの効果が発生するので、その場合、特定記録郵便や簡易書留など発信記録が残る方法で送ることが好ましい。

　なお、特定商取引法でクーリング・オフが適用されない主な取引としては、営業のための契約、キャッチセールスによる飲食店やカラオケボックスの使用、自動車販売や葬儀などのクーリング・オフがなじまない取引、3,000円未満の現金取引、常連取引、薄毛治療、通信販売などがある。とりわけ、インターネット通販などの通信販売には、クーリング・オフ制度はなく、返品の可否や条件についての特約があれば特約に従うことになる。特約がない場合、8日以内（商品を受け取った日を含む）であれば返品できるが、商品の返品費用は消費者負担となる。

◆ダークパターン

　一般的に、ウェブサイトやアプリの表記・デザインで消費者を焦らせて購入させるなど、気づかないうちに不利な判断や意思決定に誘導する仕組みを指す。たとえば、ネット通販などでよく見られるが、「受付終了まであと5分」「残りわずか」「○人が購入済み」などと表示され、内容をよく確認せずに注文させる。実際には一つ購入するつもりが複数購入したことになっていたり、取引内容が定期購入だったりする手口である。その他にも、ウェブサイトで解約の方法が分かりにくかったり、連絡先・相談先が見つけにくかったりと様々なパターンがある。

56 SDGs／ESG

◆ SDGs

　SDGsは「Sustainable Development Goals」の頭文字を取った略語で、2015年9月の国連サミットで採択された、2030年に向けての「持続可能な開発のための2030アジェンダ」に掲げられた、「持続可能な開発目標」である。SDGsは、2015年までのMDGs（ミレニアム開発目標）の後継的位置づけとして、国連を中心に各国政府、NGO、NPO、市民社会、研究者らが協力して策定したもので、日本を含むすべての加盟国（先進国・途上国全ての国を対象）が持続可能な社会の実現を目指して努力していくものとなる。

　SDGsは、持続可能な世界を次世代に受け継いでいくことを目指した世界規模の目標であるが、経済、環境、社会などの分野で17の目標（ゴール）があり、それらにひも付いた169の具体的なターゲット及び232の指標から構成されている。2030年を目標にして、貧困、健康、飢餓、食糧などの社会的課題、気候変動や生物多様性などの環境問題、さらにはエネルギー課題や腐敗防止、パートナーシップなどの経済問題が掲げられいる。

　国連の掲げるSDGsの目標のうち、消費者にとって、特に目標12が直接関係するが、他の目標も無関係というわけではなく、消費者の行動がこれらの目標達成に大きく影響を及ぼすことになる。今後は、国・企業・消費者が三位一体となり、SDGsがイノベーションの契機になるととらえ、見える目標において社会課題の解決と経済成長の両立に向けて取り組んでいくことが要諦となろう。

MARKETING EYE

≪SDGsの各目標≫

(出所) 国連広報センターホームページより

◆ ESG

ESGとは、環境 (Environment)、社会 (Social)、企業統治 (Governance) の各々の頭文字を取った略語で、環境への配慮 (CO_2の削減、環境破壊の回避等)、社会への配慮 (働き方の改善、ダイバーシティ推進等)、企業統治 (公正・透明な経営、積極的な情報開示等) によって、企業を評価するもの (ものさし) である。換言すれば、企業がリスクや機会を十分認識した上で、戦略的に社会的な課題にどのように取り組んでいくかという評価基準である。実際に、投資家などのステークホルダーが企業を評価する際に、財務情報だけでなく、非財務情報としてのESGを評価する動きが強まっている。

ESGはSDGsとの共通点も多く、この両方を自社の事業や社会貢献活動に関連付けて、経営方針として採用する企業も増えている。

ユニバーサルデザイン

　高齢者や身障者など身体的なハンディのある人々と健常者との垣根を取り払い、誰にとっても使いやすいものを目指そうとする「ユニバーサルデザイン」の考え方が拡がっている。ユニバーサルデザインとは、「誰もが使えるようにデザインされた（商品）」という意味から出てきた言葉で、障がい・年齢・性別・国籍などの固有の違いを超えて、全ての人が暮らしやすくなることを前提とした商品、建物、環境などのデザインについての概念である。もともとアメリカの建築家で工業デザイナーだったロン・メイス（R.Mace）が提唱した概念（公平性、自由度、簡単さ、明確さ、安全性、持続性、空間性）であるが、高齢者や身障者の生活の妨げを取り除いたバリアフリーを包括した広範囲の概念であり、近年では家庭用品や雑貨といった身近な分野にも浸透している。

　これまで、バリアフリーは主に福祉分野から対象者に対してアプローチされることが多かったが、ユニバーサルデザインはこれを促進するための製品開発コンセプトとして、市場原理に立った企業活動の中での展開がみられる。つまり、高齢者や身障者に止まらず、若年層や健常者なども含めて一般的に使えるものであれば、需要も広がって低価格が達成でき、対象となる市場も広がると期待される。

　要するに、ユニバーサルデザインとは、ある一部の市場を対象とするものではなく、ユーザー本位の設計や顧客満足の追求を通じて、全ての消費者に対応していこうとする概念なのである。この考え方が浸透していけば、ほとんどの建物や商品などについての基本設計が見直されていくことは必然と言えよう。

　したがって、こうした点からユニバーサルデザインをとらえるならば、①誰もが公平に利用できること、②利用上の自由度が高いこと、③誰もが簡単に分かる使用方法となっていること、④使用の際に無理をせず楽

に使用できること、⑤誤認や危険につながらないデザインであること、⑥利用しやすいサイズやスペースになっていることなどの点が大原則としてあげられよう。

≪主なユニバーサルデザインの事例≫

商品	企業名	ユニバーサルデザイン内容
シャンプー容器	花王他各社	容器側面の凸凹でシャンプー（有）とリンス（無）区別
標識（ピクトグラム）	公共施設	非常口、禁煙、トイレなど誰が見ても分かるデザインの開発
文房具	コクヨ他	従来の半分の力で使用可能なステープラーや止めやすい安全ピンなど
センサー式蛇口	関連メーカー	握力の弱い人や障害者にも簡単に利用できるセンサー式蛇口
計量不要の洗剤	ライオン他	1回使い切りのタブレット様式
自販機	自販機メーカー	まとめ入れ可能な小銭投入口 車椅子でも可能な低位置ボタン
幅の広い改札機	各鉄道会社	車椅子・ベビーカーなどの利用者が通りやすくなる工夫
ノンステップバス	各バス会社	床面を低床構造化して乗降ステップを無くした工夫
アシストサッシ・ドア	トステム他	開閉が従来の半分の力で可能
手摺り及びスロープ	クネット・ジャパン他	波形にうねった手摺り（クネット）及びスロープ
自動排泄処理器（マインレット爽）	プロモート	高齢者や身障者を中心にユーザーの排泄を自動で処理する機器の開発

58 ふるさと納税

　ふるさと納税（2008年度導入）とは、居住地以外の自治体への総寄付額から2千円を引いた額が国の所得税、地方の住民税から控除される仕組みで、寄付額に応じて返礼品（2018年から寄付額の3割までと決められた）も得られるため、節税＋返礼品を目途として活用されている。

　ふるさと納税は、地方自治体の活性化の目的で国の政策として急拡大してきたが（2023年度寄付額は1兆1,175億円）、拡大要因には、節税（所得控除等）はもちろんのこと、寄付によって自治体から様々な返礼品が得られることが大きい。実際の返礼品には、米、野菜・果物、牛肉、魚介類をはじめ、宿泊券、イベントなど今日では実に多岐にわたっている。「ふるさとチョイス」「さとふる」「楽天」「ANA」「ふるなび」などサイトも充実しており、手軽にアクセスできることもこうした現象に拍車をかけた。ふるさと納税の獲得合戦が激しくなり、各サイトでは寄付によってポイントが付くなどの特典も設けていたが、2025年10月からはふるさと納税へのポイント付けは禁止となった。そうしたふるさと納税だが、幾つかの興味深い点・課題点をみることができる。

　第1に、寄付先の自治体は財源が潤うが、控除する自治体はその分だけ税収が減り、とりわけ都市部の税財源の流失が激しくなっている点である。2023年度、寄付額が大きかったのは（寄付額は上位5％の100自治体に集中）、都城市193.8億円、紋別市192億円、泉佐野市175億円であり、流失が多かったのは、横浜市304.6億円、名古屋市176.5億円、大阪市166.5億円であった（東京都1,899億円〈世田谷区110.2億円〉の流失）。しかも地方交付税交付団体は流出額の75％を国が補填するが、東京23区、横浜市、大阪市、名古屋市などの不交付団体は補填を受けられない。流出分がそのまま税収減になっている。

　第2に、東京23区など寄付金の流出が大きい自治体は制度の廃止を要

MARKETING EYE

請する一方で、品川区・競馬場指定席、中央区・スーツ仕立券、京都市・旅行クーポン（京都市は2022年度から黒字転換）など様々な返礼品の充実を図っているが、寄付額が膨らんだ地域も決して順風満帆ではない。宮崎県都農町は宮崎牛の返礼品に申し込みが集中し事業者がパンクし、その上代替した返礼品が国の返礼割合3割に抵触し、規定により2年間寄付を受け付けられなくなった。このため町の財政は4割減少し、行政運営の修正を余儀なくされた。また、2023年度国内最多寄付額を集めた都城市でも鶏肉の返礼品の産地偽装が発覚し、市のブランドイメージを損ねてしまった。こうしたマイナス部分を埋めるため自治体は職員を増やして対応しているが、よく考えれば制度の公平性を確保するために多くのコストをかけることは行政運営上非効率とも考えられる。

　第3に、ふるさと納税の運用にあたって、およそ4割の自治体が寄付金の使途を明らかにしていない点があげられる。調達の情報公開や寄付金の使途についての開示は最低要件であり、公表をしない場合は適用外とする必要もあろう。また、過剰競争の中で利用者自体も返礼品以外の面に無関心なのも問題を生じさせてしまっている。

　第4に、自治体からのふるさと納税のアプローチ方法が多様化していることである。たとえば、ふるさと納税の返礼品の種類がここ数年で大幅に拡大し、また旅行先などで寄付し、その地域で飲食や買い物に使えるクーポンなどが返礼品となる現地決済型なども出現している。

　いずれにせよ、ふるさと納税には、特産品を競い地元をPRする効果がある一方で、自治体間の税金の奪い合いになる面がある。他の自治体に入るはずの税金を原資にした返礼合戦や、ゆかりの土地への貢献意識が薄れていることは、本来の「ふるさと納税」の趣旨から乖離するとも考えられ、節度をもったふるさと納税のあり方が求められよう。

個人資産運用(攻め)／各種控除・寄付(守り)

◆株主配当金

株主配当金とは、株を保有している際に、当該企業が出した利益の一部を株主に還元するお金のことをいう。株を売却した際に生じるキャピタルゲインとは異なり、家賃収入、投資信託、株主優待と同様、インカムゲイン(資産を保有していることで得られる利益)にあたる。

◆株主優待

株主優待とは、企業が自社の株を購入してくれた株主に向けて、自社商品やサービスなどの「優待品」を贈る制度である。現在、上場企業のうち約1,400社が優待制度を導入しており、金券や優待券からカタログギフトや自前の商品・サービスまで、そのバリエーションは実に豊富である。株主優待を得るためには、設定された株数を獲得し、「権利確定日」に株主であることが必要である。自身のライフスタイルによって株主優待を揃える消費者も出現している。また、企業にとっては、株をすぐに売却する株主より長期保有してくれる株主の方がありがたい存在であることから、長期保有制度を取り入れる企業も増えてきている。

◆投資信託

投資信託とは、多数の投資家から資金を集めて基金とし、これを運用会社(投資専門家)が株式などに分散投資して、そこで得た利益を投資家に分配する仕組みの金融商品である。運用の結果、利益が出れば利益は分配されるが、損失が出れば出資した資金が減るリスクもある(元本保証ではない／運用・管理手数料もかかる)。

◆ポイント投資

ポイント投資は、dポイント、楽天ポイントなどポイントを使って投資をすることをいう。ポイント投資のできる金融商品には、株や投資信託、クラウドファンディング等がある。ポイントで投資ができる手軽さ

MARKETING EYE

やゲーム感覚が投資へのハードルを低くさせている。

◆休眠預金

　休眠預金とは、最後に入出金や第三者からの支払い請求等があった日から10年を経過した預金のことで、普通預金、定期預金などが対象となる（残高が1万円以上の場合は届出住所に通知あり）。休眠預金は年間約1,200億円発生しており（そのうち約500億円が払い戻し）、2018年には休眠預金等活用法が施行された（2019年1月1日以降の休眠預金が預金保険機構によって管理）。具体的な活用先は、子どもや若者支援、生活困窮者支援、地域活性化等支援の主に三分野に関わる事業に限定されており、NPO等を対象に助成・貸付・出資が行われている。なお、休眠預金になり、預金保険機構に移管後でも払い戻しは可能である。

◆ NISA（小額投資非課税制度）

　NISA（少額投資非課税制度）とは、毎年一定金額の範囲内で購入した株や投資信託の売買益と配当金の税金（申告分離課税で20％）が非課税になる制度である。期間内で限度額内なら、どれだけ利益が出ても非課税だが、損が出ても損益通算や損失の繰り越しはできない。利用できる金融機関はひとつで、2024年からNISAは、つみたて投資枠（年間120万円迄／最大600万円迄）と成長投資枠（年間240万円迄／最大1,200万円迄）に再設計された（生涯で1,800万円まで投資可能／投資商品を売却すると、その分翌年に非課税枠が復活）。

◆個人型確定拠出年金（iDeCo）／企業型確定拠出年金

　個人型確定拠出年金（iDeCo）は、個々人が申し込む私的年金制度で、専業主婦や公務員等の共済加入者、一定要件を満たす会社員などが利用できる制度である。金融機関で専用口座を開き、自身で金額と運用先（金融商品）を決めて毎月積み立てを行う。将来受け取る年金額は各人が行

MARKETING EYE

う運用実績次第で変動する。運用益に税金が掛からず、毎年の掛け金は小規模企業共済等掛金控除として所得控除できる。デメリットとしては、原則60歳まで引き出しや途中解約ができない、元本割れのリスクがあるなどの点がある。積み立て額や期間は拡大していくことが見込まれる。

企業型確定拠出年金（DC）は、会社が用意する年金制度で、会社が用意した金融商品の中から、従業員が自身で選んで決める。従業員が将来受け取る年金額は各人が行う運用の実績次第で変動する。

◆各種控除（寄付）

確定申告の際、税金の支払いに関係するのが、各種控除・寄付である。社会保険料控除や基礎控除はおよその人が関係するが、その他に、所得控除には、生命保険控除、医療費控除、小規模企業共済等掛金控除（確定拠出年金）、寄付金控除（ふるさと納税等）、税額控除には、住宅借入金等特別控除（住宅ローン減税）、政党等寄付金等特別控除などがある。

◆各種自治体による補助

居住先の自治体からの補助制度である。いわゆる、自治体による住民サービスのひとつであるが、一般的には子ども関連、環境関連、住宅関連の補助が多くみられる。各自治体で様々であり、自身で申請する必要があるので、自身で調べて活用する必要がある。

The 19th hole ⑩
新規事業構想の選択

　TK社では、さらなる成長を目指して次年度に新規事業に挑戦することにした。幾つかの候補から5つの新規事業構想案に絞り込み、さらにそれらを検討する段階となった。以下は、環境状況と前提条件である。

【環境状況と前提条件】
* 新規事業構想案の候補は①〜⑤の5つであり、各プロジェクトの成功率、成功したときの利益、失敗したときの損失はそれぞれ次の表の通りである。
* それぞれの新規事業に挑戦した場合、成功するか失敗するかのどちらかである。
* TK社は毎年平均で20億円の利益をあげているが、次年度は新規事業に集中するため、プロジェクト以外での利益は見込めない。
* TK社の流動資産(現金や預金など、TK社が自由にできるお金)の合計は60億円であり、さらにこれまでに築いてきた信用により、銀行から20億円までの借り入れができるものとする。

【設問】
　あなたがTK社の経営を任された場合、どのプロジェクトに取り組むことがベターであると判断するか。それぞれの新規事業に取り組んだ場合のメリット及びデメリットをあぶり出し、それぞれを比較した上で論理的に説明しなさい。その際、新規事業の決定プロセスも明示しなさい。

【各プロジェクトの成功率、成功時の利益、失敗時の損失】

	成功率(%)	成功したときの利益(億円)	失敗したときの損失(億円)
新規事業構想案①	70	30	−10
新規事業構想案②	60	50	−20
新規事業構想案③	50	150	−100
新規事業構想案④	40	70	−40
新規事業構想案⑤	20	250	−60

＊本ケースは、Z会の教材を参考に作成されたもので、主として研究・教育上の議論・技術などの向上を狙ったものにすぎない。

60 災害教育

◆地震時の対策

地震時は、まず身の安全を守ることが優先事項である。火元にいれば火を止め、そうでなければ身を低くし、頭を守り、揺れが収まるまで待つ、の安全行動をとる必要がある。揺れが収まったら周囲の人の無事と火の元を確認し、靴を履いて避難することが重要である。また、海沿いの地域では、警報を待たずに、直ちに高台やビルの上階に避難することが肝要である。事前に自治体の津波ハザードマップで避難場所などを確認する必要もある。

◆台風や豪雨時の対策

近年、台風や豪雨による災害リスクが以前にもまして高まっている。まずは、地元の自治体が作成した、事前に災害リスクが分かるハザードマップを入手し、自宅、指定避難先、学校や職場についてもどのようなリスクがあるか確認しておく必要がある。また、マイ・タイムライン（一人一人の防災行動計画）を作成するとともに、地元自治体の防災メール配信やSNSの配信サービスなどに登録し、様々な災害情報サイトもスマホなどに登録しておくことが良い。いよいよ危険な情報が差し迫り、どれだけ危険な状態か判断に迷った際は、気象庁ウェブサイト「キキクル」を利用することが肝要である。災害時には各地の警戒レベルが5段階（警戒レベル5が緊急安全確保で最も危険度が高い）で示されるが、キキクルでは10分ごとに情報が更新されるので、災害危険度をリアルタイムに把握できる。

◆大雨・雷時の対策

前線の通過、特に寒冷前線の通過時には、暖気と寒気の境で雨雲が発生し、大雨になりやすいので注意が必要である。また台風時は台風の中心付近だけでなく、中心から離れた地域にも大雨をもたらすことにも注

MARKETING EYE

　意したい。一方、ゲリラ豪雨などの局地的大雨は予測が困難で、国土交通省「川の防災情報」や気象庁「雨雲の動き」、それらをもとにした気象情報会社の提供する情報をチェックしておく必要がある。一時間雨量50ミリを超える雨が降ると排水が追い付かなくなるので、周囲より低い土地や地下街、地下室、地下駐車場などには一気に水が流れ込む恐れもあるので、地下や地下街は避け、車での移動中にはアンダーパスを迂回する必要があり、水没時に閉じ込められたときに備え、車には緊急脱出用ハンマーを備えておくと良い。

　大気が不安定になると雷が発生しやすくなり、雷の音が聞こえたら、屋外時は建物や車の中など安全な場所に逃げ、屋内時は、できるだけ電子機器や家電のプラグを抜くなどして電子回路の破損を防ぐ必要がある。平地や海岸など開けた場所では人体に落雷しやすくなるため屋内に避難する、近くに安全な場所がない場合は電柱や木などの物体から4m以上離れた保護範囲に避難することが肝要である。雷鳴が聞こえる、空が急に暗くなる、空気が冷たくなるなどの兆候があれば竜巻の危険もあるので、その場合、頑丈な建物の中に避難することが望ましい。

◆**被災時の備え**

　災害に備えるため、防災リュックなどに水、携帯食、ライト、バッテリー、笛、携帯トイレ、薬、手ぬぐい、携帯ラジオなどを入れて、それを生活動線に置き、すぐに持ち出せるように準備する。また自宅で避難生活をする場合にも備え、最低3日分、できれば1週間分の備蓄をしておくことも必要である。普段使いのものを買い足しておくローリング・ストック（日常備蓄）の流れを作ることも重要である。また、被災したときのことを鑑み、自治体や国の被災支援の仕組みを事前に知っておき、火災保険や地震保険を事前に検討するなども必要である。

【参考文献・論文】

池尾恭一・青木幸弘・南知恵子・井上哲浩（2010）『マーケティング』有斐閣。

石井淳蔵・栗木契・嶋口充輝・余田拓郎（2004）『マーケティング入門』日本経済新聞社。

小木紀親（2000）『マーケティング・ストラテジー』中央経済社。

小木紀親（2006）「医療機関におけるマーケティングの必要性とその研究の方向性」『商品研究第54巻3・4号』（日本商品学会）。

小木紀親（2012）「ソーシャル戦略のコンテクストデザイン」『コンテクストデザイン戦略』芙蓉書房出版。

小木紀親（2014）「ステークホルダー研究の諸問題」『戦略的マーケティングの構図』同文舘。

小木紀親（2020）『マーケティングEYE〔第5版〕』中部経済新聞社。

小木紀親（2019）「ICTの進展に伴うマーケティング及び消費者問題の諸相と生命保険業界の対応」『生命保険論集No.208』生命保険文化センター。

小木紀親（2023）「マーケティングと消費者問題の関係性と消費者教育の必要性」『東京経大学誌』（東京経済大学）。

小木紀親（2025）『企業経営の一般知識　2025年版』日本産業協会。

小木紀之編著（1998）『消費者問題の展開と対応』放送大学教育振興会。

恩蔵直人（2007）『コモディティ化市場のマーケティング論理』有斐閣。

栗木契・余田拓郎・清水信年（2006）『売れる仕掛けはこうしてつくる』日本経済新聞社。

黒岩健一郎・水越康介（2012）『マーケティングをつかむ』有斐閣。

嶋口充輝・石井淳蔵・黒岩健一郎・水越康介（2008）『マーケティング優良企業の条件』日本経済新聞出版社。

世良耕一（1999）「コーズ・リレイティッド・マーケティングの概念と日本における必要性」『函大商学論究　第31巻1号』（函館大学）。

沼上　幹（2000）『わかりやすいマーケティング戦略』有斐閣。
原田保・三浦俊彦（2008）『マーケティング戦略論』芙蓉書房出版。
真野俊樹（2003）『医療マーケティング』日本評論社。
真野俊樹（2004）『医療マネジメント』日本評論社。
宮垣　元（2024）『NPOとは何か』中公新書。
和田充夫・恩蔵直人・三浦俊彦（2001）『マーケティング戦略［新版］』有斐閣アルマ。
グロービス編著（1995）『MBAマネジメント・ブック』ダイヤモンド社。
グロービス編著（2005）『MBAクリティカル・シンキング』ダイヤモンド社。
日本消費者教育学会編（2016）『消費者教育Q＆A』中部日本教育文化会。

【参考資料】
『週刊ダイヤモンド』（ダイヤモンド社）
『週刊東洋経済』（東洋経済新報社）
『日経トレンディ』（日経BP）
国民生活センター（2024）『くらしの豆知識2024年版』
経済産業省／総務省／厚生労働省／外務省／内閣府・消費者庁などの各関係省庁資料
中部経済新聞
日本経済新聞

【参考ホームページ】
本文中に記載された全ての企業、各種団体・組織のホームページ

著者略歴

小木　紀親（おぎ・のりちか）

1968 年	名古屋市生まれ
1994 年	慶應義塾大学大学院商学研究科修士課程修了
1997 年	慶應義塾大学大学院商学研究科博士課程単位取得
1997 年	松山大学経営学部　専任講師（1999 年　同　助教授）
2000 年	日本福祉大学福祉経営学部　助教授（2006 年　同　教授）
2008 年	東京経済大学経営学部　教授（現在に至る）

慶應義塾大学などで「マーケティング」を担当。専門領域は、マーケティング、医療・福祉マーケティング、地域・行政マーケティング、ソーシャル・ビジネス、消費者問題など。

〈著作〉
単著 『マーケティング・ストラテジー』（中央経済社　2000 年）
共著 『企業経営の一般知識　2025 年版』（日本産業協会　2025 年）
共著 『コンテクストデザイン戦略』（芙蓉書房出版　2012 年）。
共著 『戦略的マーケティングの構図』（同文舘　2014 年）。
論文 「医療機関におけるマーケティングの必要性とその研究の方向性」
　　（『商品研究第 54 巻 3・4 号』　2006 年）他多数。

〈連絡先〉
東京経済大学　小木紀親研究室
〒 185-8502　東京都国分寺市南町 1-7-34　　　E-mail ogi@tku.ac.jp

吉田　有希（よしだ・ゆき）

1972 年	大阪市生まれ
1996 年	大阪外国語大学（現：大阪大学外国語学部）卒業
2002 年	大阪大学大学院国際公共政策研究科前期博士課程終了
2005 年	大阪大学大学院法学研究科後期博士課程単位取得

名古屋女子大学、神戸国際大学、三重短期大学、金城学院大学などで、「経済法」「消費生活論」「生活科学」「マーチャンダイジング論」「流通論」「市場調査論」などを担当、専門領域は、経済法、消費者法、消費生活、消費者行政、消費者教育など。

〈著作〉
共著 「業種別・商品別にみた不当表示」『広告・表示規制法』（青林書院　2009 年）
共著 「広告と表示」『消費生活アドバイザー資格　試験対策テキスト』
　　（日本産業協会　2009 年～ 2024 年）
単著 「米・ＥＵの航空分野における企業統合規制」『国際公共政策研究第 10 巻第 1 号』
　　（大阪大学　2005 年）
共著 「消費者教育の必要性と企業における消費者教育のあり方」『公正取引 №816』
　　（公正取引協会　2018 年）他多数。

※本書では、第 1 章 15、第 3 章 33、第 4 章 51 ～ 55 を担当

	令和7年4月11日　初版第1刷発行
編著者	小木紀親（おぎ のりちか）
発行者	恒成秀洋
発行所	中部経済新聞社 名古屋市中村区名駅四丁目4番地10号　〒450-8561 TEL.052-561-5675（事業部）
印刷所	菱源株式会社
製本所	飯島製本株式会社

ⓒ Norichika Ogi 2025, Printed in Japan
ISBN978-4-88520-254-4

本書のコピー、スキャン、デジタル化等の無断複製は著作権法上での例外を除き禁じられています。本書を代行業者等の第三者に依頼してスキャンやデジタル化することは、たとえ個人や家庭内での利用であっても一切認められていません。

落丁・乱丁はお取り替えいたします。
※定価はカバーに表示してあります。

マーケティングEYE（アイ）〔第6版〕